历史长河

兵器阵法

历代军事与兵器阵法

肖东发 主编　信自力 编著

中国出版集团

现代出版社

图书在版编目（CIP）数据

兵器阵法 / 信自力编著. — 北京：现代出版社，
2014.11（2019.1重印）.

（中华精神家园书系）

ISBN 978-7-5143-3080-9

Ⅰ. ①兵… Ⅱ. ①信… Ⅲ. ①军事史－中国－古代
Ⅳ. ①E291

中国版本图书馆CIP数据核字（2014）第244581号

兵器阵法：历代军事与兵器阵法

主　　编：肖东发
作　　者：信自力
责任编辑：王敬一
出版发行：现代出版社
通信地址：北京市定安门外安华里504号
邮政编码：100011
电　　话：010-64267325　64245264（传真）
网　　址：www.1980xd.com
电子邮箱：xiandai@cnpitc.com.cn
印　　刷：固安县云鼎印刷有限公司
开　　本：710mm×1000mm　1/16
印　　张：10
版　　次：2015年4月第1版　　2021年3月第4次印刷
书　　号：ISBN 978-7-5143-3080-9
定　　价：29.80元

党的十八大报告指出："文化是民族的血脉，是人民的精神家园。全面建成小康社会，实现中华民族伟大复兴，必须推动社会主义文化大发展大繁荣，兴起社会主义文化建设新高潮，提高国家文化软实力，发挥文化引领风尚、教育人民、服务社会、推动发展的作用。"

我国经过改革开放的历程，推进了民族振兴、国家富强、人民幸福的中国梦，推进了伟大复兴的历史进程。文化是立国之根，实现中国梦也是我国文化实现伟大复兴的过程，并最终体现为文化的发展繁荣。习近平指出，博大精深的中国优秀传统文化是我们在世界文化激荡中站稳脚跟的根基。中华文化源远流长，积淀着中华民族最深层的精神追求，代表着中华民族独特的精神标识，为中华民族生生不息、发展壮大提供了丰厚滋养。我们要认识中华文化的独特创造、价值理念、鲜明特色，增强文化自信和价值自信。

如今，我们正处在改革开放攻坚和经济发展的转型时期，面对世界各国形形色色的文化现象，面对各种眼花缭乱的现代传媒，我们要坚持文化自信，古为今用、洋为中用、推陈出新，有鉴别地加以对待，有扬弃地予以继承，传承和升华中华优秀传统文化，发展中国特色社会主义文化，增强国家文化软实力。

浩浩历史长河，熊熊文明薪火，中华文化源远流长，滚滚黄河、滔滔长江，是最直接的源头，这两大文化浪涛经过千百年冲刷洗礼和不断交流、融合以及沉淀，最终形成了求同存异、兼收并蓄的辉煌灿烂的中华文明，也是世界上唯一绵延不绝而从没中断的古老文化，并始终充满了生机与活力。

中华文化曾是东方文化摇篮，也是推动世界文明不断前行的动力之一。早在500年前，中华文化的四大发明催生了欧洲文艺复兴运动和地理大发现。中国四大发明先后传到西方，对于促进西方工业社会的形成和发展，曾起到了重要作用。

　　中华文化的力量，已经深深熔铸到我们的生命力、创造力和凝聚力中，是我们民族的基因。中华民族的精神，也已深深植根于绵延数千年的优秀文化传统之中，是我们的精神家园。

　　总之，中华文化博大精深，是中国各族人民五千年来创造、传承下来的物质文明和精神文明的总和，其内容包罗万象，浩若星汉，具有很强的文化纵深，蕴含丰富宝藏。我们要实现中华文化伟大复兴，首先要站在传统文化前沿，薪火相传，一脉相承，弘扬和发展五千年来优秀的、光明的、先进的、科学的、文明的和自豪的文化现象，融合古今中外一切文化精华，构建具有中国特色的现代民族文化，向世界和未来展示中华民族的文化力量、文化价值、文化形态与文化风采。

　　为此，在有关专家指导下，我们收集整理了大量古今资料和最新研究成果，特别编撰了本套大型书系。主要包括独具特色的语言文字、浩如烟海的文化典籍、名扬世界的科技工艺、异彩纷呈的文学艺术、充满智慧的中国哲学、完备而深刻的伦理道德、古风古韵的建筑遗存、深具内涵的自然名胜、悠久传承的历史文明，还有各具特色又相互交融的地域文化和民族文化等，充分显示了中华民族的厚重文化底蕴和强大民族凝聚力，具有极强的系统性、广博性和规模性。

　　本套书系的特点是全景展现，纵横捭阖，内容采取讲故事的方式进行叙述，语言通俗，明白晓畅，图文并茂，形象直观，古风古韵，格调高雅，具有很强的可读性、欣赏性、知识性和延伸性，能够让广大读者全面接触和感受中国文化的丰富内涵，增强中华儿女民族自尊心和文化自豪感，并能很好继承和弘扬中国文化，创造未来中国特色的先进民族文化。

2014年4月18日

国家柱石——历代兵勇

制胜保障——历代军制

克敌利器——历代兵器

奇正之变——历代阵法

兵勇是国家的柱石，是维护国家安全的重要保证。我国古代各个封建王朝都格外注重兵勇的重要性，制订了合乎时宜的征兵和募兵制度，并以确保战斗力为核心，构建起完善有效的组织实施系统。

我国古代的征募兵制度类型繁多，不同时期也有变化，如兵农合一制、全民皆兵制、卫所制、旗兵制等。征兵制下的兵勇有事召集，事定归农，来路清楚，国家在平时无养兵之费。募兵制下的兵勇以当兵为职业，数量和服役的时间，可以不受农业生产的限制。

国家柱石

历代兵勇

夏商西周时期的兵勇

■夏商周时期的兵俑

军队的出现是人类发展的必然结果，它是一个国家安全的基石，可以说军队是和国家一起出现的，而我国是历史上出现军队最早的国家之一。

最早的夏代军队，主要以氏族武装为主，而至商周时期，军队则主要以领土财产为基础的国家军队、贵族武装以及诸侯国军队组成，是特殊时期的产物。

夏代是我国史书记载的第一个世袭王朝，是我国第一个奴隶制国家，是一个部落联盟形式的国家。直属夏王的军队是由两部分组成的，即卫队式常备武装和兵民合一的民军。

夏代前，各部落和部落联盟之间的征战由部落内部的青壮年男子负担。夏建立后，中原形成了统一的部落共同体，并出现了国家机构，因此专职战斗的队伍的建立是必不可少的。夏代的军队，是为了维护统治而发明的专职征战的工具。

■ 夏代兵俑

禹征三苗，称他所统领的军队为"济济有众"，启征有扈氏，严厉告诫所属的军队要严格听从他的指挥。足见当时已有强大的军队，而这些军队则有他们特有的兵勇征发制度。

夏代的国家军队是平民兵，平民兵是征发平民而组成的军队，这是当时军事力量的主干。

这种平民兵制度，是由军事民主制时期氏族成员战时从戎的惯例发展而来的。平民有自己的土地，平时耕种，战时出征。

在氏族制社会晚期，人们为了固定居民组织，往往取一整数作为居民编制的进制单位。各民族大多以十作为进制单位，夏代承袭氏族制而来，无疑仍保留

三苗 我国传说中黄帝至尧舜禹时期的古族名。又叫"苗民""有苗"。主要分布在洞庭湖和鄱阳湖之间，当今江苏、安徽、江西、湖北、湖南一带。在禹的夏部落联盟跨入奴隶社会时，三苗已有"君子""小人"之分，开始有了阶级分化。

■ 夏商周时期陶俑

着这种十进制的氏族组织，而五进制是春秋以来才出现的。

由于实行兵民合一的兵役制度，因而，这种编组方式也影响到军队的编制。

据《左传·哀公元年》中记载，姒太康失国后，他的孙子姒少康在有虞氏避难时"有田一成，有众一旅"。古时以方圆500米为一成，以兵士500人为一旅。"旅"是当时的一个军事编制单位。

"有田一成"自当是分配给一旅之众的，表明这些"众"即平民，是以耕种土地为生的，但又以旅的形式组织起来，则表明具有军队的职能。

由于血缘纽带的关系，当时的"族"的规模很大。这些族的族长同时又是夏王朝由天子所任命的诸侯之卿，他们往往凭借自己雄厚的人力、物力，自行组织军队，这就是族军。

如姒太康失国后，其孙姒少康正是在有虞氏等宗族国的帮助下，才组织宗族武装得以复国的。这些宗族的武力就是由宗族兵组成的。

此外，夏代还有夏王的护卫军。护卫军的来源，主要是贵族子弟，还有少数夏王的亲信。如在《左传·哀公元年》中记载，曾经取代夏政权的东夷族首领后羿被其家众杀死，这些家众就是后羿的护卫兵。

夏代军队组织"寓兵于农"的特点，表现在军队的各级将领身上，就是"寓将于卿"，文武不分职。

贵族官僚在平时管理庶务，战时即兴兵典戎。

商代是我国历史上第二个重要朝代。商代处于奴
隶制鼎盛时期，奴隶主贵族掌握着国家政权，形成了
庞大的官僚机构和军队。商代军队的兵勇多是临时征
集的。

根据古代文献和甲骨文记载，商代军队的编制，
约在武丁及其以后时期有了师、旅、行等几级编制。
军队由步兵和车兵组成，分别编组，协同作战。

随着社会发展和战争形态的演变，商王开始将部
分贵族与平民集中起来，编制为常备军队，但是主力
仍然是亦民亦兵的百姓。

由此可见，商代的兵勇是临时征集的，与夏代的
不同之处只在于征集方便以及参军人数的多寡而已。

商代的这种临时的征兵制度，当时被称为"登
人"，金文与甲骨卜辞中常有"登人三千""登人

武丁（？—约前1192年），姓子，名昭，我国商朝的第二十三位国王，庙号为高宗。商朝著名的军事统帅。武丁在位时期，曾攻打鬼方，并任用贤臣傅说为相，妻子妇好为将军，商朝再度强盛，史称"武丁中兴"。

■夏商周时期陶俑

■西周武士俑

五百"的记载。最多曾经一次征集了1万人，对象当然都是平民。

有时兵力不足，也会将奴隶编入军阵，但由奴隶组成的军队，其忠诚度无法掌握。如决定天下大势的商周牧野之战，就是因为编入军队的奴隶在阵前倒戈，才导致了商纣王的失败。

西周的集兵方式继承商代制度，但也有所发展，是先秦集兵制度的典型。

西周仍然采用征兵制，但是鲜明的等级色彩仍然存在。周天子与诸侯的亲卫队是在王族或公族中征集，属于贵胄子弟兵。

属于车兵的甲士，是从当时的"国人"阶层中征集来的，步卒是从庶人中征集的，厮徒则是从奴隶中征集的。其中，国人为西周兵员的主力，其主要任务就是服兵役。服役年龄一般是20岁至60岁，现役者称正卒，预备役则为羡卒。

在西周时期，国、野之间的界限非常清楚。据《玉海》记载："王国百里为郊。乡在郊内，遂在郊外，六乡谓之郊，六遂谓之野。"

也就是说，国都近郊叫乡，郊外之野称遂，而居住在郊内的就叫国人，居住在郊外之野的就叫野人。按照规定，西周的"野人"不能服兵役。

周民族征服商民族后，商人仍保留其氏族部落组织，被一族一族地分配给周的贵族，共同去建立新的诸侯国。这样，周朝贵族与其宗族、家族，便群居于商人之间，也就是郊内，而被打败的商人则与负责监视他们的周人散居于野上。

所以，国人和野人具有不同的政治身份。就本质而论，国人是自由民，野人是奴隶。

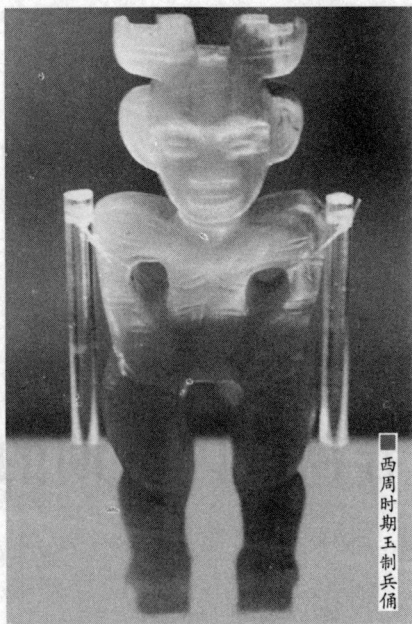

■西周时期玉制兵俑

国野有别并不许野人当兵的制度，随着诸侯将精力大部分集中在吞并斗争中，国、野之间已有融合，不再受到完全不平等的待遇。这时，野人与国人一样也可以参军成为兵勇了。

阅读链接

大禹与三苗的战争，古史多有记载。《战国策·魏策一》记载："三苗之居，左彭蠡之波，右有洞庭之水；文山在其南，而衡山在其北。恃其险也，为政不善，而禹放逐之。"三苗与中原华夏族有过长期的激烈的冲突。这种战争大约自尧、舜直至禹。大禹时曾与三苗发生过长期的战争，而且以大禹取胜告终。

大禹在征伐三苗以后，曾获得一个相对安定的时期。由于在战争中势力大大增加，取得了大量的财富，为部落的兴盛打下了雄厚基础。

春秋战国时期的兵勇

■ 战国时期的兵俑

在春秋时期，各诸侯国借机建立了自己的军队。各国军队的最高统帅不再是周天子，而是各诸侯国的国君，这时期诸侯国军队的主要成分是士族和农民。

在战国时期，各诸侯国建立了统一的军队，国君掌握着军队的征调大权，国君之下设立独立的军事系统。这个时期普遍实行的兵役制度是郡县征兵制，农民是主要的征集对象。

■ 胡服骑射

公元前770年，周平王将西周王室东迁，建立东周，春秋时期开始。由于此时的周王室已经日渐衰弱，加上一些诸侯、卿大夫势力的日益增强，几个大的诸侯相继成为中原霸主。这些大诸侯国的军队主要由公室军队和世族军队组成。

公室军队多建于西周诸侯受封立国时，主要成员是国人中的士和农。士以习武打仗为主要职业，作战时充任甲士。农就是庶人，除老弱残疾者外，所有成年男子都须接受军事训练，三季务农，一季讲武，每隔3年进行一次大演习。

遇有战事，要随时听从调发，充任步兵，役期依战事的长短而定。

世族军队是卿大夫在自己的封邑上设置的军队，从军人员也以封邑及其周围的士和农为主。

当时的某些较大的城邑还有邑甲，有的属于国

周平王（约前781年—前720年），姓姬名宜臼，是东周第一代王。公元前771年，周幽王被犬戎杀死后，都城镐京经犬戎侵袭，十分残破。太子宜臼受到申、鲁等诸侯拥戴，在西申即位，是为平王。为避犬戎，他把都城从镐京东迁至洛邑，史称东周。

晋国六卿 指的是自公元前546年至公元前497年在晋国出现的范氏、中行氏、智氏、韩氏、赵氏、魏氏6个世袭卿族。六卿共主晋国的军事、政治。他们曾经展开了数轮竞争，其间情仇交织，共同谱写了一部壮烈的历史诗篇。

■ 春秋战国时期楚国木俑

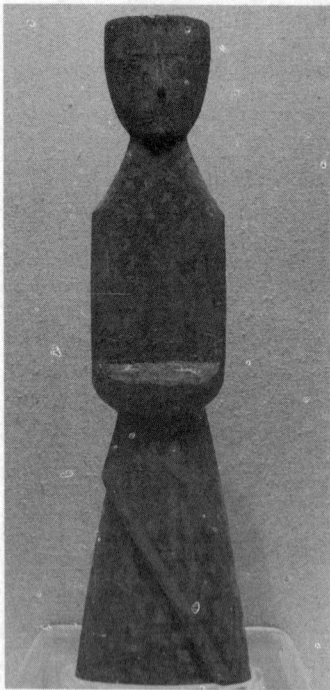

君，有的属于卿大夫。这样一来，邑甲就成为了公室军队与世族军队的补充。

春秋末期，井田制日趋瓦解，军赋再次扩征。有的实行用田赋，如晋国六卿实行的田赋制，就是按田亩数量征兵、征赋，其对象主要是广大农民。

生活在军事组织与地方行政组织相结合制度下的农民，平时生产和参加军训，战时聚集成军，在太庙命将，发放车马、甲胄、兵器，战毕解甲归田，保留着"寓兵于农"的传统。

中小以上贵族充任甲士，他们一般不参加生产劳动，平时身佩兵器，从事习武和各种军事活动，或参与政务，战时则为军队骨干，并充任各级军职。

春秋时期，各国的军事组织是被周王室分封的。各国卿大夫有其独立的军事组织，有宗族部队和私属部队。这些部队都是凭着封建从属关系组织起来的。各国军队的主要成分除国人外，还征发所属的农民服役。

中原各国的国君，由于宗族的内讧和对外战争，以及国人的叛离和农民的反抗斗争，因而权力逐渐削弱了。而某些卿大夫却在逐渐强大，国的军事组织不可避免地为卿大夫所分割以至于瓦解。

与此同时，地方郡县的军事组织在不断生长和发展，郡县的军队逐渐成为了很有作战能力的部队。

战国时期，各国中心区普遍设县，边地也越来越多地分设郡，县和郡就成为征兵的地区单位。于是，郡县征兵制度推行到全国。

各诸侯国随着县、郡等地方行政系统的建立，普遍实行博籍制度。博籍就是到应征年龄的男子必须登记，以备征调。

■战国时期兵俑

比如秦国规定，凡17岁男子必须向官府登记，称为"博"，博籍后，从23岁起，守卫京师一年，称"正卒"，守卫边防一年，称"戍卒"。据《睡虎地秦墓竹简》中记载，实际上男子15岁就博籍，以后随时有被征调入伍的可能。商鞅曾提出将丁男、丁女、老弱分别编组成军的建议。

一般来讲，服兵役的年龄，大概从15岁至60岁。但当遇到大战，往往征发全国壮丁，倾国以赴。若是一般小战，则只征发与敌国邻近的郡县壮丁去作战。其他郡县就休养生息，以备将来。

各国的常备兵大多是考选出来的，有特殊的待遇。通过几种严格的考核，中试的就可以免除全户的田宅租税。当时各国出兵时，往往以常备兵带领新征发来的士兵作战。

战国中期以后，出现了一种新型兵役制度，这就

商鞅（？—前338年），姬姓公孙氏，故又称卫鞅、公孙鞅。我国战国时代的政治家、改革家、思想家，法家的代表人物。商鞅通过变法改革，将秦国改造成富裕强大之国，史称"商鞅变法"。为秦国最终统一天下奠定了基础。

国家柱石 历代兵勇

是募兵制。募兵与传统的征兵不同，征兵是依法服兵役，这是公民对国家应尽的义务。募兵是国家用钱和物雇佣的兵勇。募兵与国家则是金钱与契约的关系，有钱则战，无钱则散。

随着战争发展对士兵素质要求的提高，春秋末期的选练勇士风气，至战国时有了发展。各国从应征人员中，通过训练和考核，选拔勇武士卒，组成精锐军队。如魏国的武卒，齐国的技击，赵国的百金之士，秦国的锐士等。

其中魏国考选武卒很严，要全副武装，带3天的粮食，半日内跑四五十千米。中试者免除其家庭的赋役，还分给好的田宅。

通过考核、选拔和训练招募来的兵勇，具有相当优秀的素质。由这些兵勇组成的军队，待遇优厚，平时习武，守卫国家，战时则为扩编的基础和作战的主力。

战国时期，由于战争规模和战争方式的转化，大规模野战和围城战的频繁发生，要求部队具有快速、灵活的作战素质和战场突击性，这就加速了单骑迅速发展为骑兵的进程。

最早建立骑兵部队的国家是赵国。当时赵国的周边强国林立，东南为齐、中山，南为韩、魏，西为秦、林胡，北为楼烦、东胡，东北为燕。林胡、楼烦、东胡号称"三胡"，他们是崛起于大漠南北的游牧民族，勇猛彪悍，擅长骑射，对秦、赵、燕构成很大威胁，赵国受害尤烈。

我国北部的地形特别利于三

春秋战国士兵塑像

胡的轻骑，而不利于中原的车战，因此，赵武灵王为对付三胡的侵扰，毅然实行"胡服骑射"，在总结历史经验和吸取胡人长处的基础上，首先建立了强大的骑兵部队。

赵国自从建立骑兵以后，灭中山国，败林胡、楼烦二族，辟云中、雁门、代三郡，并修筑了"赵长城"。赵国的骑兵部队发挥了巨大作用。

各国也纷纷建立大规模的骑兵部队。当时，骑兵作为新兴的技术兵种，对骑士的选拔十分严格。凡被选中为骑士的，都享有很高的待遇。

战国时骑兵的编制因地形或国别的不同也有差异。列国的骑兵兵种作为步兵的辅翼力量，配合车、步兵长驱深入，绝敌粮道，追敌败兵，或袭击敌人之两翼，或掩袭敌人之前后，成为当时一支最活跃的军事力量。

邯郸赵武灵王戎装雕像

阅读链接

赵武灵王的骑兵可以说是一支快速反应部队。他为了打败秦国，决心亲自到秦国去考察一番地形，并且观察一下秦昭襄王的为人。他打扮成赵国的一名使臣，带着几个骑手前往秦国咸阳。

秦王接见"使臣"后，发觉他的言谈举止不像个普通人，心中犯疑。过了几天，秦王派人去驿馆请他，却是人去楼空。后来秦王才知道这人是有名的赵武灵王，不免大吃一惊，立刻叫大将白起领精兵连夜追赶。可他们哪里知道，赵武灵王已经带着骑兵飞驰出秦境了。

秦代两汉时期的兵勇

秦朝是我国历史上第一个统一的封建国家，皇帝拥有最高的军事权力。不仅体系完善、有效，而且在征兵制度、兵种分配及使用方面也极具实战特点。

汉代兵制承袭秦制，但也多有创新。西汉南北军的扩展和屯田制的出现，尤其是一些免役政策，是汉代休养生息思想的体现；东汉以募兵制取代征兵制，这是汉代兵制的重要变化。

■秦代兵俑

■秦始皇陵的兵马俑

统一后的秦代军队分为京师兵、地方兵以及边兵三部分。京师兵主要由郎官、卫士和守卫京师的屯兵组成。郎官由郎中令统领；卫士由卫尉统领，负责宫廷内外的警卫；屯兵由中尉统领，负责守卫京城。

地方兵一般由郡、县尉协助郡守或县令统率，平时维持地方治安，战时听从朝廷调遣。征调地方兵，需以皇帝虎符为凭。

边兵主要负责边郡戍守，由边郡郡守统领，下辖都尉和部都尉。

在兵役制度方面，秦律规定，男子17岁必须到国家机关登记，称为"博籍"，每年在郡县服力役一个月，主要从事土木石工程劳作，称为"更卒"。男子在一生中轮流在郡县服兵役一年做材官、骑士、楼船士；在京都或边郡服兵役一年当卫士或当戍卒。

卫士负责警卫皇宫和官衙，戍卒负责屯戍边疆。不服役时，博籍者是预备役人员，遇有战事，朝廷临时征发，奉调出战。

秦律 秦代法律的总称。前356年商鞅变法时曾采用李悝的《法经》，并改法为律，颁行秦国。公元前221年秦始皇统一中国后，将秦律修订，作为全国统一的法律颁行各地。它涉及政治、经济、军事、文化、思想、生活等各个方面，使各行各业各个领域"皆有法式"。秦律为以后的汉律所继承。

秦代跪射俑

此外，秦朝还实行嫡戍制度，即嫡罚商人、贫民、有罪之吏征战或戍边，并在紧急情况下赦免刑徒和奴隶为兵。

秦朝尚有免役制度，秦律规定，有爵者56岁免老即止役，无爵者60岁免老。贵族子弟、官吏、残疾人等，可免服兵役和徭役。

在兵种方面，秦军有4个基本兵种，这就是轻车、材官、骑士和楼船。轻车就是车兵，材官就是步兵，骑士就是骑兵，楼船就是水兵。平原诸郡多编练骑士、轻车，山地诸郡多编练材官，沿江、海诸郡多编练楼船。

秦代车兵虽已不是军队的主体，但仍然是战斗编组中不可缺少的一个重要兵种。车兵既可以独立使用，又可以同其他兵种配合使用，是车、步、骑联合作战中的重要力量。

从秦始皇陵兵马俑出土的情况看，车兵既有单独的编队，也有与步兵相结合的编队，还有与骑兵相结合的编队，以及有与步、骑同时相结合的编队。

车兵主要用于平原地区的作战，进攻时用以冲陷敌阵，打乱敌军的战斗队形；防御时用战车布为阵垒，阻止或迟滞敌军的冲击；行军时置于前锋和两翼，有利于保障部队的安全。

步兵是秦军构成中的主体，秦始皇陵出土的绝大部分武士俑都是步兵俑。

步兵灵活性大，能适应各种地形、气候和战斗形式，尤其利于在复杂环境下行动，因而其区分和装备都较其他兵种复杂，使用也较其

兵器阵法

历代军事与兵器阵法

他兵种广泛。

步兵主要区分有重装步兵和轻装步兵两种。重装步兵多数身穿金属铠甲，手持戈、矛、钺、铍等长柄兵器，担负着同敌军重兵集团格斗的任务。轻装步兵一般不穿铠甲，持弓、弩等远射武器，配合重装步兵杀伤格斗距离较远的敌军。

步兵中百将以上的各级军官，主要职责是指挥部队作战，安全和自卫甚为重要，所以只穿甲带剑，不持长柄兵器。屯长以下的小吏，既指挥战士作战，又亲自率领战士冲锋格斗，所以既佩剑又持长柄兵器，并和所率的战士一样，有的穿甲，有的不穿甲。

不论进攻、防御，还是攻城、守险、迂回、包围、伏击、奇袭，在各种作战形式中，步兵往往承担主要的作战任务，并最终结束战斗。在值勤、警戒、巡逻等各种勤务中，也往往以步兵为主。

因此，步兵是秦代军队中最主要的兵种，在车、步、骑协同作战中，步兵一般居于主导地位。

骑兵也是秦代的重要兵种之一，在统一前，秦军队有骑万匹，统

秦代兵马俑

■ 秦代骑兵俑和马俑

匈奴 我国古籍中讲述的匈奴在汉朝时是在中原以北称雄的一个强大的游牧民族，公元前215年被逐出黄河河套地区，历经东汉时分裂，南匈奴进入中原内附，北匈奴从漠北西迁，中间经历了约300年。匈奴影响了当时的我国政局。

一后有较大的发展，在北击匈奴的战争中都有较多的骑兵参加。

从秦始皇陵兵马俑的出土情况看，秦代骑兵已经配有齐全的鞍。战马也经过严格的训练和精选。

骑士个个精强勇悍，一律穿短甲，手持弓箭。当时尚无马镫的出现，骑士两脚悬空，没有着力点，很不利于马上格斗。加之用于斩劈的厚背长刀在当时也没有出现，不论使用长柄击刺性兵器矛、戈、戟或短柄的剑，从马上对敌步兵冲杀都很不便。

因此，骑兵的技术、战术发挥受到一定影响，主要是发挥其快速机动、突然猛烈、远距离射杀敌步兵集团的优势。这些情况表明，秦代的骑兵和战国时的骑兵一样，尚处于发展的初级阶段，但其地位和作用后来日趋重要。

在秦始皇陵兵马俑中，骑兵既有独立的编队，也有与其他兵种的混合编队，是构成秦代军队的重要兵种之一，在车、步、骑协同作战中具有重要的地位。尤其在平原旷野和一般丘陵山地中作战，骑兵更是一支强大的机动力量。

水军是秦代武装力量的组成部分，其数量仅次于步兵，远远超过车兵和骑兵。秦统一前的水军主要在巴蜀地区，统一后遍布江南各地，规模十分庞大。

水军的战船主要区分为大型的楼船和轻捷的蒙冲、斗舰等两类，水上作战时，大、小部队及轻、重战舰之间互相配合。

水军的武器装备齐全，除水战特用的钩拒等武器外，凡陆地上作战使用的弓弩、长短兵器、火攻用具等无不具备。水上战斗时远则以矢弩交射，近则以钩拒等近战兵器进行攻守格斗，一旦有机可乘，便施以火攻。

水军不仅担负水上作战的任务，实际上它是江南水泽地域的综合性兵种，除水上战斗外，登岸野战、攻城守险等无所不能。战于水上则相当于车、骑，战于陆上则相当于步兵。

汉代的国民兵役分3种，一是到朝廷做卫

■秦代兵马俑

汉武帝（前156年—前87年），汉景帝刘启的第十个儿子。汉朝第五代皇帝，谥号"孝武皇帝"，庙号世宗。我国历史上著名的政治家、战略家。他凭借雄才大略、文治武功，使汉朝成为当时世界上最强大的国家，赢得了一个国家前所未有的地位和尊严。

■西汉彩绘武士俑

兵；二是到边郡做戍卒；三是在原地方服兵役。每一国民都该轮到这几种。第三种由于是在本地服役，所以年龄上要求从20岁开始。

朝廷卫兵有两支，一称南军，一称北军。南军是皇宫的卫队，北军是京城的卫戍部队。当时南北军全部军队合共不到7万人。各地方壮丁轮流到朝廷做卫兵一年，当卫兵是极优待的，来回旅费由朝廷供给，初到和期满退役，皇帝备酒席款宴，平时穿的吃的，也不要卫兵们自己花钱。

汉武帝改革京师部队，将北军扩大为北军八校尉，士兵分别来自征调的义务兵和外卒兵。在八校尉中，中垒校尉统管北军营垒内的日常军务，其余屯骑、步兵、越骑、长水、胡骑、射声、虎贲等七校尉，分别统领七支特种部队，屯驻于长安城内外及京畿地区，镇守京师，也有出征任务。

边郡戍卒有戍边和屯垦两个任务。汉武帝时因不断对匈奴作战，边兵所需粮草，由内郡辗转运送，费

力又耗时，边兵常常有断粮之忧。

于是，在西北边区大量增设新郡，建立起屯田的领导系统，征发数十万戍卒，称为"屯田卒"或"田卒"，担负戍边和农垦的双重任务。屯田兵实行军事编制，由屯田校尉、护田校尉、农都尉等统领。

■ 汉景帝时兵马俑

屯田制度的推行，加强了边防，也解决了边兵的食粮问题。但在汉武帝以后，屯田时起时落，没有形成定制。边防兵的兵役负担比内地正卒重，除兼有戍守与屯田的双重任务外，实际服役时间也较长。边防兵的来源，也不限于沿边诸郡。

此外，在汉宣帝时，西汉在西域设立都护府。朝廷派都护骑都尉到西域都护府监理各属国，随行者有属官吏士，都护之下的校尉统领一定数量的屯兵。

汉代对服役者的有很高的身体要求，残疾人和身高不足者不服兵役。在居延汉简中，戍卒名籍包括他们的家庭成员，一概不计身高，可能当时的身高标准在实际征兵时已被废除。

汉代选募兵勇的方式，要求择取身体好、胆量大、技能优的勇敢之士从军。有时征募不足，则发刑徒为兵即谪兵，并实行七科谪，即谪发有罪之吏、无籍之人、赘婿、商人为兵。

汉宣帝（前91年—前49年），西汉第十位皇帝，谥号"孝宣皇帝"，庙号中宗。在位期间，能躬行节俭，多次下令节俭，改革吏治，稳定社会局势。对外大破匈奴和西羌，巩固了西汉的版图。刘询为人聪明刚毅，为政励精图治，史称"中兴"。

西汉末年，为防匈奴，还曾招募奴隶为兵。

针对免服兵役的对象，汉高祖时规定："军吏非七大夫以下，皆复其身及户，勿事。"汉文帝时规定："民受爵至五大夫以上，乃复一人耳。"

汉武帝时增设武功爵11级，位居第七级千夫以上者，免其人户的兵役。没有高爵的民户，可以用钱物买五大夫或千夫爵位以免兵役，称作买复。若家有90岁以上老人，其孙子可得免役。

汉代除却规定的义务兵役外，民间还有义勇队，志愿从军的。国家有事可以自由报名。这叫良家子从军。那些都是比较富有的家庭，尤其是居家近边境的，平常在家练习骑马射箭，盼望国家有事，报名从军，打仗立功，可以做官封侯，这风气在边郡特别盛。

东汉盛行募兵制，但所募之兵有常募和临时募集之分。募兵的主要来源是社会各层人员。东汉还招募少数民族兵丁，比如东汉将领任尚曾数次募部分羌族人以平叛乱其他诸羌。

阅读链接

秦代的水军作战能力很强，曾经在数次实战中发挥了重要作用。

例如，秦始皇南平百越时，动员楼船士50万，既完成了水上作战任务，也完成了陆上作战任务，对开拓和统一岭南广大地区发挥了重大的作用。

此外，秦始皇第五次出巡天下时，曾一度在水军的护卫下，长途航行于海上，并亲手以连弩射杀巨鱼。这说明秦代的水军已经具有海上作战的能力，能够有效地控制东部沿海的海防。秦代水军彰显了秦帝国风采。

魏晋南北朝时的兵勇

魏晋南北朝时期，由于长期的封建割据和连绵不断的战争，使这一时期的兵制受到特别的影响。世兵制是魏晋南北朝时期普遍实行的兵役制度。

世兵制就是使士兵全从普通老百姓中分离出来，脱离民籍，集中居住，变为军籍，士兵本人终身为兵，其家子子孙孙世代为兵。但魏晋南北朝各个集团的集兵方式各有不同。

■ 周瑜点兵

■ 马超渭水败曹操

兵器阵法

历代军事与兵器阵法

曹操（155年—220年），沛国谯人。东汉末年著名政治家、军事家、文学家、书法家。三国中曹魏政权的缔造者，谥号"武帝"，庙号太祖。他为统一我国北方作出重大贡献，还开启并繁荣了建安文学，史称"建安风骨"。

曹操的魏国郡县民、屯田户、士家之间的界限划分比较严格，魏国士家制是典型的世兵制度。

曹魏政权将国家控制的人口一分为三，力求保持三者之间各自承担义务的稳定性，并使用经济手段进行调节，使社会分工固定化。

郡县民、屯田户、士家向国家承担义务的形式虽然不同，但三者负担相对平均，经济地位不相上下，因而这样的人口编制方式经受住了社会实践的检验，对封建秩序的稳定和生产的恢复发展更起到了积极的作用。

为了保持军队的士气和战斗力，曹魏朝廷又规定了不少优待兵士的具体政策。由于常备兵主要由士家组成，对兵士的种种优待措施的主要受益者自然是士家。比如保障士家的婚配，对阵亡者的家属优待等。

曹魏时期的朝廷军，分为中军和外军。中军是对外军而来的。由于当时战事频仍，中军常常四出征伐，与汉代北军相比，魏中军的作战任务重得多。

外军是留屯各地的军队，开始编制很不一致，统帅往往临时由朝廷委派和更换。

除了中军与外军，曹魏政权还有作为地方兵的州郡兵。州郡兵以守备本州郡为职责，必要时也可以应调出征。

曹魏的屯田分民屯和兵屯两种，是汉代官田出租办法及边郡屯田的推广。民屯的管理方式是由大司农掌管全国的民屯。民屯的任务是种植稻、粟、桑、麻，百分之五十至六十的收获上缴朝廷。屯田客不服兵役，但实行军队式管理，也属于兵制的范围。

蜀国国小力弱，必须统筹使用民力，方能抗衡他国，因而继续实行普遍征发百姓的制度。魏、吴虽以士家兵户为主体组建国家军队，但仍兼行征兵之制。

蜀政权不仅让蜀中汉人当兵，而且大量以外族为兵。从东州兵的情况还可看出，蜀国还把外来流民组建成军队。

南中百姓，勇敢善战，擅长弩箭，蜀国政权曾大量征发他们扩充弩兵部队，还曾在曙陵，即今四川省彭水及黔江、酉阳地区征兵。仅从少数民族地区两次集体性征发的人数就有8000之众。

蜀国有陆军、水军两个兵

025

国家柱石

历代兵勇

■三国时期的战车

■ 三国时期的武士
陶俑

孙权（182年—252年），字仲谋，吴郡富春人，三国时期东吴的建立者，谥号"大皇帝"，庙号太祖。在位期间，设置农官，实行屯田，平定山越，设置郡县，促进了江南经济的发展。在此基础上，他又多次派人出海。230年，他派卫温到达夷州即台湾。

种，以陆军为主。陆军有步兵、骑兵、车兵，另外还有相当数量的弩兵。弩兵是蜀军的精锐，战斗力最强。

蜀汉的军队和曹魏相同，基本建制为部，以下有曲、屯、队等。直接带兵的军官有校尉、司马、都尉等。部以上的统兵将领为将军，所统部数，多少不一，根据最高统帅的授权而定。

吴国的兵制与魏国大体无异。吴国并不重视在兵户、屯田民、郡县民之间保持严格的界限，经常将一部分郡县民或屯田户变成兵户。但有时吴国征民为兵，战事完毕后还是要让他们解甲归乡的。

吴国有陆军和水军两个军种。陆军又有步兵和骑兵两个兵种。由于吴国地处东南沿海，北控长江中下游，辖区内又河湖纵横，所以水军是吴国的主要军种，且很有战斗力。

吴国水军的船只体积大、数量多，并且有艨艟、斗舰、楼船、飞云、盖海、赤龙、驰马、长安、大舶、舟扁、青龙战舰、晨凫等众多名号。其规模之大可以想见。三国时期，无论是数量上，装备上还是战斗力，吴国的水军都居于首位。

230年，吴国孙权曾派将军卫温、诸葛直率领甲士万人，乘船到达夷洲，即今台湾，可见当时吴国水军舟师不仅时刻巡守长江天险，而且游弋于辽阔海域。这是我国古代文献中明确记载大陆人到达台湾的最早记录。

兵器阵法

历代军事与兵器阵法

吴国军队名号甚多，羽林是宫廷禁卫部队，虎骑是拱卫京城的骑兵部队，敢死、解烦、无难、马闲都是精勇的冲锋队，多分左右两部，各以左部督和右部督领兵。

此外，还有五营、五校、升城、绕帐、外部、营下、帐下、车下虎士、丹阳青巾、交州义士、健儿、勇敢、虎射吏等。

西晋是世兵制的全盛时期，凡为兵者皆入兵籍，单独立户，不与民同，父死子继，世代为兵。

为扩大兵源，西晋还发奴僮和谪发罪犯为兵，作为世兵制的补充。士族官僚则享有免役的特权。军队的主要兵种是步兵，其次有骑兵和水军。

西晋军队分为中军、外军和州郡兵。中军直属朝廷，编为军、营，平时驻守京城内外，有事出征。驻在城内的中军为宿卫兵，由左、右二卫负责宫殿宿卫，其他军、营担任宫门和京城宿卫。驻在京城外的中军称牙门军，无宿卫任务。中军力量强大。

外军驻守重要州镇，由都督分领。晋武帝为加强王室对军队的控制，用宗室诸王充任都督，出镇四方，并允许诸王置兵，大国三军5000人，次国两军3000人，小国一军1500人，成为外军一个特殊组成

■ 南北朝时期陶俑

■ 晋代兵马俑

淝水之战 发生于383年，东晋时期北方的统一政权前秦向南方东晋发起的侵略吞并的一系列战役中的决定性战役，结果有绝对优势的前秦败给了东晋，国家也因此衰败灭亡。东晋则趁此北伐，把边界线推进到了黄河，并且此后数十年间东晋再无外族侵略。

部分。

州郡兵是地方武装，晋武帝平吴以后，曾下令诸州取消州郡兵，仅置武吏，大郡100人，小郡50人用以维持治安。但实际上取消的州郡兵甚少。

东晋沿袭西晋的军事制度，但有许多变化。由于皇权衰微，导致中军寡弱，宿卫军、营往往有名无实。而统率外军的都督、刺史却拥兵自重。尤其是长江上游的州、镇，兵势之强往往超过朝廷军。

同时，东晋的兵员多通过募兵解决。如参加淝水之战的北府兵，多是由广陵即今扬州一带招募的。此外，也征发民丁为兵。

与东晋并存的还有北方地区的一些政权，史称"十六国"。其从中军、外军的组织体制到都督、将领的领导指挥系统，大体沿袭曹魏、西晋制度。

十六国时期，各国大都把本族的部族兵作为基本兵力，加强少数民族在军队中的比重。这些军队中的汉族士兵，来自投降的坞堡武装和招募的破产农民，一般都是终身为兵。这些政权遇有战争，也征发郡、县民众补充军队。

南北朝时期的刘宋政权兼行征兵和募兵，募兵是其最主要的集兵方式。它的内外军是以刘裕原来统率的北府兵为基础组建的。内均担任皇帝的宿卫，外军警卫京师并随时准备出征。

南齐的兵制沿袭刘宋旧制，但是小有改革，如建国之初即下令各将帅不得募兵，但是朝廷的募兵仍然照常进行。不过战事一起，则征募并行。

梁的兵制主要部分沿用宋、齐旧制，但是梁实行新的职官制度，扩大官僚编制，广泛安插世族子弟为官为将，以调和内部矛盾。

陈的兵制完全因袭梁朝，世兵制更趋没落，朝廷军队皆来自募兵。地方豪强接咬大量私家部曲，往往用于国家征战，是陈的主要依靠力量。但在陈后主时，下令原本不交税的军人和百姓一样交税，士兵地位更加低贱，军队战斗力也更加薄弱。

北魏的兵役制度主要是世兵制，同时也实行征兵和募兵制，中军和镇戍兵主要来自世

■北齐骑士俑

西魏彩绘武官俑

兵，州兵则由征募而成。北魏也实行中外军制度，但和十六国差异不大。

东魏、北齐的兵役制度以世兵制为主，也实行征兵和募兵。

北周、西魏采取很特别的府兵制来征集兵勇，既有少数民族部落兵制的痕迹，也有汉魏以来征兵制的因袭成分。

北周武帝为集中兵权和扩大兵源，把府兵士兵改称侍官，把招募的百姓改为府兵。

西魏宇文泰将魏晋以来汉族政权长期实行的军民分辑制度同北魏早期实行的八部制度结合起来，进行军事改革，府兵制初步成型。

北周西魏时期产生的府兵制延续至隋唐，自西魏大统年间初兴至唐天宝年间废止，共经历200多年。

阅读链接

三国时期，东吴孙权曾让大将军吕蒙多读一些书，但吕蒙觉得事情太多没时间。

孙权说："如果说时间紧的话，应该是我比你更加紧张，但我还要抽出时间看书。我希望你也能看一看。"

因为孙权的劝说，吕蒙开始看书学习。其实吕蒙是个作战经验丰富的人，再加上学习，整个人发生了巨大变化。

过了不久，孙权再到吕蒙的军队视察，和吕蒙交谈之后，他感到吕蒙已经是一个文武双全的大将军，不由得感叹说："士别三日，就应刮目相看！"

隋唐五代时期的兵勇

从隋代建立至唐初武德、贞观之际，创建于西魏、北周时代的府兵制被推广到全国广大地区。府兵制实行兵农合一，既保证了军事力量，又发展了经济。

在唐代灭亡后的50多年间，中原、南方和其他地区先后出现了五代十国。随着形势的变化，五代各朝开始实行募兵制。募兵制的实行，取代了隋唐时期的府兵制，这兵役制度的又一重大的变化。

■ 隋唐时期女骑俑

■ 隋唐时期武士俑

隋文帝开皇年间，继北周武帝之后，在新的历史条件下，兵制先后在进行了两次规模较大、影响较深的重要改革，由此拉开了府兵制黄金时代的帷幕，从而把府兵制推向了新的发展阶段。

为了加强朝廷集权，隋文帝对府兵做了重要改革。他曾下令将府兵将领赐胡姓的恢复本姓，军人也不再随从将领的姓氏。并且重新整理乡兵，将私家部曲收编为国家军队。

590年，隋文帝又颁布诏书，规定军户编入民户，改属州县管辖，不再存在。但军人仍有军籍，无论在军、在役或在家，凡军役范围内的事宜，均属军府管理。

同时规定，军人依均田令受田，免纳租庸调，平日生产，每年有一定时间轮番宿卫，战时出征，资装自备。

在乡为农，在军为兵，实行兵农合一，寓兵于农的制度，这是隋代及唐初府兵制的特点。

唐代初期的府兵制，较隋代更为完备。唐太宗时整顿府兵制度时，府兵的来源，主要是从自耕农和地主中挑选，后来则渐以贫苦农民充役。

按照规定，3年征一次兵。凡是20岁以上的健壮男丁，都是重要应征对象。应征标准，以资财、材力、丁口三者为据。一般21岁入役，60岁退役，实为终身服役。

唐玄宗时，下令将服役期减少至15年，自25岁起服役，40岁停止服役。又将3年一简改为6年一简，但都未实现，以致折冲府无兵上番。

749年，被迫停止上番，折冲府从此名存实亡。

唐代从722年起，大规模招募壮士充宿卫。

724年，更名为骑。

725年，骑达12万人，分隶于12卫，每卫1万人，又分为6番，轮流上番服役。这样一来，唐初就存在的募兵制便逐渐兴盛。

唐初驻防京城和宫廷的部队统称禁兵或天子禁军。从卫府轮番调来宿卫京城的府兵，称南衙禁兵。单独组建的驻防宫城北门的禁兵，称北衙禁兵。他们最初是从跟随李渊起事的军人中简选3万人组成，称为元从禁军，是父子相代，专事宫城宿卫。

以后，唐太宗又从中选善骑者百人，供戍卫、田猎之用，号称"百骑"。另置北衙七营，选骁壮者，于玄武门左右屯营，号称"飞骑"。在此后几朝，又置左、右羽林军，改百骑为千骑，改千骑为万骑，分左、右营，增左、右龙武军等。

唐代地方兵中多为各地轮

玄武门 在西安有两座玄武门，一座遗址在大明宫北面；另一座遗址在太极宫北，是"玄武门之变"发生地。玄武门之变发生于626年，当时的秦王李世民在长安城宫城北门玄武门铲除敌对势力，不久之后即位，年号贞观。

■ 隋唐时期的骑兵陶俑

■唐代彩绘武士俑

番到边境戍守的戍卒，称为防人，三年一代，自备资粮。另有少数招募来的兵，称为防丁或丁防。

唐玄宗时，在戍卒中招募能更住3年者，官给赐物。后又招募长期从军的健儿，称为"长征健儿"，资粮等均由官给，称为"官健"，是由国家供养的职业军人。后期的地方藩镇的军人主要是这类官健。

从武则天时期起，北边部分州还建立一些民众武装，称"团结兵"，其他地区也有士镇、士团、团练等。官府给予身粮、酱菜，免其征赋。主要任务是配合军队防卫边疆。他们由州刺史或节度使统辖。

唐末，各节度使控制地方政权，凭借其拥有的土地、人丁、财赋，豢养大批军队，与朝廷抗衡，改变了内重外轻的态势。

五代时期，军队的主力大体为禁卫六军。六军又分左、右，实为十二军。它们往往冠以"龙虎""羽林""神武"等名号。根据皇帝的旨意，名号可以随时改易。又由于兵力的扩充，名号不断增加。

军队主要是步兵，其次是骑兵，江南地区也重视建置水军。五代主要实行募兵制。有时还征集在乡丁壮为兵，是为乡兵。

944年，令诸道、州、府、县点集乡兵，规定7家税户共出一兵，兵杖器械共力营之，并以武定军为号，后改天威军，但因乡民不娴军旅，教阅无效，不久后又解散了。

南方吴国于920年征其乡兵，教习战守，称为"团结民兵"，但为时很短，其中也有强令出钱或缴纳实物代役的情况，这事实上是由一种兵役演变成为一种军赋。

五代时，除经常的庞大军费开支外，军将对士兵的赏赐很多。如后汉高祖刘知远悉出后宫所有以劳军。

唐代彩绘武士俑

周世宗于954年在高平之战险遭失败后，选诸军精锐者升为上军，羸弱者予以遣散。还挑选各节度使属下的骁勇之士，在殿朝做官，用以削弱地方兵权。

于是，士卒强壮，当时没有军队可比，征伐四方，所向披靡。这也为宋代的建立奠定了基础。

阅读链接

高平之战爆发时，赵匡胤当时还是后周禁军将领，他先招呼同伴向前冲锋，又请张永德率军从左翼出击，自己率军从右翼出击。

赵匡胤身先士卒，迎敌血战，主将奋勇，士卒更是拼死力战，无不以一当百，北汉兵抵挡不住。后周军乘着越来越大的南风，猛烈进攻，北汉军大败。

高平一战后，周世宗提拔了一批有胆识的将领，其中赵匡胤成为后周禁军中的高级将领。后来，赵匡胤凭着周世宗打下的基础，结束了五代十国的分裂局面，建立了大宋王朝。

宋元明清时期的兵勇

宋元明清时期战争频发，各个朝代不仅承袭了上一个朝代的兵制，而且还根据当时局势做了大量更改。

宋元时期，民族矛盾尖锐，严峻的现实向执政者提出了如何征兵的问题。

至明清时期，我国封建专制制度进一步强化，民族矛盾、阶级矛盾错综复杂。因此，这一时期的征兵方式复杂多样。

■宋代武官石像

宋代全面推行募兵制，使军队走上了专业化、职业化的道路，这是兵制史上的重大进步。

军队职业化以后，北宋士兵来源主要采取招募方式，招募对象主要为：当地土民、营伍子弟、饥民和罪犯，依身体素质强弱分列各军种。招募当地土民为兵，就地方便，直接招募。

招募营伍子弟为兵是宋代的军事传统，由法律明确规定。凡阵亡军士的子、孙、弟、侄，20岁以上最为年长者强制规定充军，15岁以上无残疾可自愿从军。

■宋代武官石像

招募饥民为兵是宋代一项国策，朝廷欲通过灾年募饥民为兵，达到维持庞大武装力量与保障社会安定的双重作用。

招募罪犯为兵，此种兵称为配军。北宋的禁军、厢军中都有配军，配军地位非常低，主要职能为供军中杂役。

朝廷掌控募兵权，由朝廷派遣的知州、都监负责募兵事宜。首先诸府州军监组织募兵，长吏、都监负责挑选，然后由军头司复检，最后按身体素质规格依次编入诸军。

最初定制"兵样"作为募兵标准，按兵样规格统一募兵，按等招募，不同规格，不同俸钱。随后，以

配军 古时因处流刑发配到边远去充军的罪犯。北宋时，触犯了法律的罪犯被发配各地军营服役，为方便辨认和防止罪犯逃跑，所以均在他们额头烙上印记，这些犯人便被称为"配军"。刺配在北宋既是一种刑事处罚，也是一种征兵渠道。

兵器阵法

历代军事与兵器阵法

■ 宋代武官群雕

色目人 元代对西部民族的统称，也是元代的5种位阶之一，一切非蒙古、汉人、南人的都算是色目人。包括粟特人、吐蕃人等。传统的说法认为，在元代的社会阶层之中，色目人的地位在蒙古人之下，汉人和南人之上。

"等长杖"代替兵样，按身长和体格决定兵的等级和俸钱，以身高为第一标准，其次考虑体力强弱、动作敏捷等要素。

宋《军防令》中对各军军士的身高标准均作了明确的规定。同时也规定，应募者若强壮有力，身高标准也可适量降格。

上述招募而来的兵勇，构成了北宋武装力量，这就是禁军、厢军、乡兵和番兵。这四部分组成分为朝廷和地方两级体制，禁军为朝廷武装力量，厢军、乡兵和番兵归为地方武装。

禁军、厢军同属国家军队的主体，一经招募，按规定需至60岁才能退役，实质为终身专职雇佣军。乡兵、番兵由地方官吏和部落首领按规定征发，实质为终身兼职义务兵。北宋大规模招兵养兵，常备兵额超过之前历代。

南宋时期军事制度较之北宋有很大变化，禁兵已不居主要地位，厢兵仍然保留，番兵已不存在，而乡兵建置更为繁杂。

元代军队主要由蒙古军、探马赤军、汉军、新附军四部分构成。此外在侍卫亲军中还有不少按族属组编的色目人部队。

蒙古军是由蒙古人包括部分色目人组成的部队；探马赤军初指从蒙古诸部抽取精锐组成的前锋、重役或远戍部队，后来也有色目人、汉人等加入；汉军即由原金朝地区的汉人和部分女真人、契丹人组成的部队，还包括早期改编的南宋降军；新附军，即灭南宋前后改编的原宋军。

北方是蒙古军、探马赤军的重点戍防地区；淮河以南主要由汉军、新附军屯戍，并配置部分蒙古军和探马赤军；边境地区由分封或出镇其地的蒙古宗王所部和士着部族军配合镇守。各级军官一般实行世袭制，但朝廷能调动和另行任命。

元代，出军当役的人户被称军户，父子相继，世代相袭，不准脱籍。蒙古军、探马赤军和汉军军户，占田地4顷以内的可免交地税，一般可免除科差杂役。并分别设立专门的管领机构，称为奥鲁，负责监督军户出丁当役，保证战时有充足的兵源。

明代创立了独具特色的

■ 元代武士雕像

■蒙古骑兵

刘基（1311年—1375年），元末明初杰出的军事谋略家、政治家、文学家和思想家，明朝开国元勋，谥"文成"。刘基通经史、晓天文、精兵法。他辅佐朱元璋完成帝业、开创明朝并尽力保持国家的安定，因而驰名天下，被后人比作诸葛武侯。

卫所制。朱元璋统一全国后，采纳刘基建议，立军卫法，在全国建立卫所，控扼要害。卫所的军丁世代相继，给养仰赖屯田。

明初的卫军主要来自朱元璋起义的从征军，元代和割据势力投降的归附军，因犯罪而被谪发的恩军，以及抑配民户入伍的垛集军。

朝廷颁行的《垛集令》，成为卫军的主要征集方式。按《垛集令》的规定，3户为一单位，其中一户称正户，出军丁，其余为贴户，正军死，贴户丁补。永乐帝以后，正户与贴户的壮丁轮流更代为军。

军民严格分籍，当军之家皆入军籍，称军户，属都督府，不受地方行政官吏管束，优免一丁差徭，身份和经济地位都与民户不同。

军户固定承担兵役，父死子继，世代为兵，并随军屯戍，住在指定卫所。若军户全家无男丁，由官府派官员到原籍勾补亲族或是贴户顶替，称为"勾军"或"清军"。

明代卫军实行屯田制度。按规定，边地军丁三分守城，七分屯种。内地军丁二分守城，八分屯种。每个军丁授田一份，由官府供给耕牛、农具和种子，并按份征粮。

洪武至永乐年间，全国军屯约有八九十万顷。除大量军屯外，还实行商屯作为补助手段，即按开中法，由商人在边地募人垦荒缴粮，以补充军粮。

明中期以后，由于大批屯田被侵占，朝廷大规模推行募兵制，募兵逐渐成为军队主力。大凡战斗力较强的军队都由招募而来。

明代军队分为京军和地方军两大部分。京军为全国卫军的精锐，平时宿卫京师，战时为征战的主力。洪武初年，京军有48卫。后来迁都北京，京师接近前线，京军多达72卫，并正式成立了"五军营""三千营""神机营"三大营。

此后，京军制度累有更易。有拱卫皇帝的侍卫亲军，如锦衣卫和金吾、羽林、虎贲等12卫军，以及隶属御马监的武骧、腾骧、左卫和右卫等4卫营。

■明代武士石刻

地方军包括卫军、边兵和民兵。卫军配置于内地各军事重镇和东南海防要地。边兵是防御北方蒙古骑兵的戍守部队，配置于东起鸭绿江、西抵嘉峪关的9个军镇，史称"九边"。

民兵是军籍之外，由官府佥点，用以维持地方治安的武装，内地称民壮、义勇或弓兵、机兵，西北边地称土兵，西南少数民族地区有苗兵、狼兵等。

此外，还有不同行业和阶层组建的矿兵、盐兵、僧兵等，遇有战争，常被召出征，战争结束仍回原址。

清代是我国历史上最后一个封建王朝。清代集兵方式既因袭历代王朝的旧制和本民族的传统，同时也受到西方的影响。

清初军队主要是八旗兵和绿营兵。八旗兵以镶黄、正黄、正白、正红、镶白、镶红、正蓝、镶蓝等8种旗帜为主要的标志。"旗"本为满族兵民合一的社会组织，兼有掌管军事、政治、生产三个方面的职能。

凡旗人男丁皆可为兵，平时生产，战时打仗。以旗统人，即以旗统兵。八旗各有旗主，皆为世袭，

明代将军石刻

旗兵为其私有。

八旗兵分为驻京八旗和驻防八旗。驻京八旗也称京营八旗、禁旅八旗，分为郎卫和兵卫。

驻防八旗由镶白、正红、正蓝、镶蓝、镶红等下五旗担任，分驻全国冲要城镇，以畿辅、东北、内蒙古为最多，作为震慑地方的武力，分由各地将军、都统、城守尉统率。

八旗兵为世兵制，在16岁以上的八旗男性子弟中挑选。余丁和不满16岁的幼丁，可以挑补为养育兵，即预备兵。

绿营兵是参照明代军卫制度改编和新招的汉兵，以绿旗为标志，以营为建制单位，因而得名。有骑兵、步兵和守兵之分，马兵合步兵也称战兵，沿江和海处设有水师。

八旗兵和绿营兵都实行薪给制，按年或月发一定的银饷和米粮。武器装备主要有弓、箭、刀、矛等冷兵器，炮、鸟枪、铳枪、抬枪及火箭、火球、火罐、喷筒等火器，此外还有云梯、藤牌、鹿角等。八

■清代兵俑

旗兵的薪饷和武器装备均优于绿营兵。

1840年鸦片战争以后，八旗兵与绿营兵战斗力下降。此后组建的湘军、淮军、防军、练军又相继不堪用，最后的新军也随清朝的灭亡而终。

阅读链接

话说戚继光指挥作战的大皮鼓被偷盗，调查结果，却原来是猴子所为。

山坡上，一老猴王擂着大皮鼓，小猴们则学着戚家军演练排阵的架势。戚帅计上心来，命将士们捉了许多山猴置于笼内放在校场边，让猴子天天观看将士们操练，又派驯猴人训练猴子和使用发射火器。

数月之后，敌寇再次来犯，戚帅把军队埋伏于山林中，把火器分发给猴兵，正当敌寇在山谷中安营扎寨时，军鼓响起，猴兵纷纷窜入敌营放起火来，敌人抱头鼠窜。

戚帅挥军掩杀，最后全歼敌寇。

军事制度是国家或政治集团管理军事力量的制度，它涉及军事领域各个方面，包括军队的领导体制、考核标准、军事法规、后勤保障等各方面的制度和法规。

军事制度的制定和发展受多种因素的影响。在我国从先秦到清代长达4000多年的历史长河中，社会政治制度、经济条件、战争实践、军事理论、历史传统、地理环境等多种因素，无不影响着我国历代军制的形成和制订，反映了我国历代王朝的国家意志，成为保卫国家安全的重要保障。

制胜保障

历代军制

先秦时期军事制度

先秦包括夏、商、西周和春秋战国时期。作为我国奴隶社会发生、发展、兴盛和衰落的几个不同历史阶段，它们的军事制度也随着客观形势的发展而发生了相应的变化。

从夏商西周至春秋战国时期，社会的政治和经济形势等各方面都发生了翻天覆地的变化，军事制度也从军队指挥系统、训练方式、后勤保障及军法军规等方面进行着演变。

■商汤雕像

■ 古代将士雕像

夏代虽已进入奴隶社会，却还保留有氏族社会的某些遗制。氏族制度下是没有军队的，出征的战士由氏族成员临时组成，军事首长的权力仅限于战场上。

进入军事民主制时代以后，军事首长的权力加大了，他们周围集结起随从队，这是后来卫队式常备军的雏形。

夏代军队训练，除了使用兵器的基本技术训练外，打猎当是实兵演练的主要形式。

军队的纪律已相当严格，夏启时曾用降为奴隶等作为军队的惩罚手段。这是奴隶社会制度下奴隶主贵族权力在军队管理上的反映。

夏代在战争动员上先是下令征集兵员编成军队，然后向军队发布命令，要求先完成国王所思虑的事情。这是夏代奴隶制国家对待人民与军队的态度。

商汤建立商后，为了巩固商政权，军事活动在国

夏启 姒禹之子。姒禹病死后，姒启通过武力征伐伯益，将其击败后继位，成为我国历史上由"禅让制"变为"世袭制"的第一人。继位后，姒启又通过甘之战，击败强有力的有扈氏，消除了华夏族内的反对势力。

■周武王姬发雕塑

田猎 上古时一项具有军事意义的生产活动，并与祭祀有关。殷商甲骨文中有大量的田猎记录，所获猎物有麋、鹿、兔、兕、狐等。殷商已是农业经济为主的社会，田猎不再是以糊口果腹为目的的生产手段，周代更是如此。田猎的作用：一是为田除害。二是供给宗庙祭祀。三是为了驱驰车马，进行军事训练。

家政治生活中占有重要地位。

商王是军队的最高统帅，直接决定军事行动，亲自或指派将领主持兵员征集、战斗动员并率军出征。

军队的高级军职由王室贵族担任，族邑之长则为各级地方武装的首领。族邑之长平时管理具有平民身份的众人及奴隶从事生产劳动，战时受商王调遣，率领由众人组成的军队出征作战。

商代军队大部分是临战前征集的，为适应作战，已有一套军事教育与训练的办法。一般性的军事教育与演习通过田猎进行。

甲骨文卜辞中有关于商代军队的围猎形式，"烧山引兽，放火寻角"，可知这时大规模田猎采取古老方式。田猎之前聚集众人，并按军事编制为右、中、左三行。以车马和射手为主力并配备大量人力，根据地形布阵、举火、设防，以野兽为捕捉对象。

除了通过田猎的军事演习，卜辞还反映出商代也有一定的专门军事训练和军事教育。例如卜辞中有"王爻众伐于鬃方"，爻是教的初文，意思是出征方国之前，王亲自教谕训练出征的众人。

商王常任命专职将领承担训教之职，而主要由奴隶主贵族子弟担任。另外，射手的训练和教育还有专门的场所或学校。

西周国家由周天子直辖的军队，有宗周6个师和成周8个师。

前者是宿卫周都镐京的，因位于西部，故又称"西六师"；后者是驻守在新筑的成周城，用于震慑集中在该处的商贵族的。两者共计14个师。这14个师军队，周王划分为两大军区，由周王亲自委任大贵族官僚任指挥官。

有军队组建权的诸侯大国，也规定有军队限额。比如方伯可以有两个师，诸侯可以有一个师。

周天子是全国军队的最高统帅。诸侯必须服从天子的命令，否则要受到惩罚，直至武力征服。同时，凡建有军队的诸侯，其统帅军队的卿，也要由周王任命，这就是所谓的"命卿"制。

为了有效地发挥军队的职能，完善军队领导体制，西周还设有司马制，以管理国家军赋，组织服役

方伯 古代诸侯中的领袖之称，谓一方之长。殷周时代一方诸侯之长。后泛称地方长官。春秋时，周天子失权，诸侯漫无统纪，起而互相兼并，进而发展为大国争霸，形成了取代王权的霸主政治，这种局面被史家称为"方伯政治"。

制胜保障

历代军制

■牧野之战图

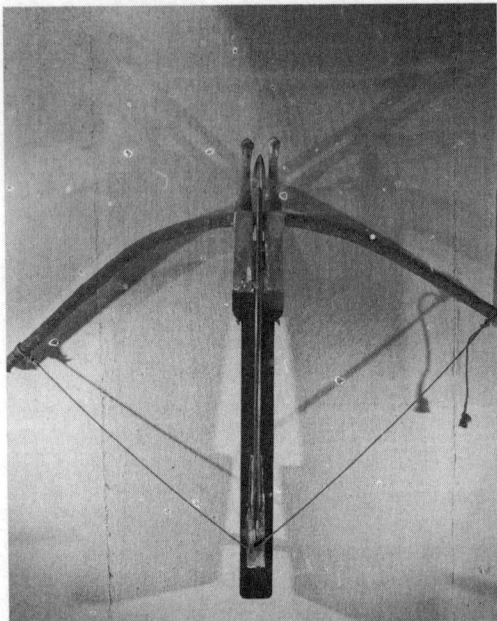
■ 古代狩猎时用的弓箭

人员进行军事训练和演习,执行军事法律。

大司马是周王的重臣,以下还逐级设有军司马、都司马、家司马。各级司马受周王节制。这一制度保证了西周分属各诸侯国的军队的统一指挥、统一行动。

西周重视军事训练,注意军队的纪律建设,因而产生了一系列有关军事训练的制度,制订了具体的军事法规。有的以学习为主,有的是战备演习。

贵族是军队的骨干,他们从小就接受军事教育。周王在宗周设立辟雍,诸侯于国都建立泮宫,这些都是学习礼、乐、射、御、书、数"六艺"的场所。其中又以乐和射御为重点。

古代乐舞结合,让贵族子弟使用兵器跳舞,并把学习歌颂周武王伐商的战争舞蹈列为必修课。乐舞训练既是舞蹈,又是操练兵器的基本功训练形式之一。

射御技能在当时备受重视,是举贤任能的重要依据。射是练习弓箭,御为驾车,并经常根据射御技术的高低来进行赏罚。

为了鼓励人们精于射术,周王室还制订多种"射礼"来促进人们"习射上攻",从而提高士兵们的素质,增强部队的战斗力。

在战争手段落后，通讯联系十分困难的时代，综合性的战备演习极为重要。王室对此非常重视，周成王封康叔于卫时，曾在被征服的东部地区举行军事大演习和大检阅。

《周礼·大司马》把借用狩猎集中训练部队的做法加以概括："春曰搜，夏曰苗，秋曰狝，冬曰狩。"其中尤以冬狩的规模为最大。这些学习包括列队布阵、军前誓师、夜战宿营等。

冬狩有比较完备的军事学习程序，包括集合列队、操练、检阅的标准，号令旗帜的辨别，车徒行进方式和在不同地形时车徒的先后次序，乃至凯旋、献禽、庆赏和处罚等。

诸多项目的训练如同实战一样，统一指挥，协同围猎，这既检验了部队总体作战的能力，也增长了将

泮宫 与周天子设立的辟雍类似，是国家最高学府，同时也是按时举行祭祀、庆功等多种礼乐活动的场所。辟雍朝廷为高台建筑，四面环水，而诸侯泮宫等级逊于辟雍，仅有三面环水。古代学校前有半圆形的池，名泮水；科举时代生员入学称入泮。

■古代战车

■古代战场

帅的指挥才能和士兵使用武器的熟练程度，从而使部队始终处于纪律
严明，战斗力旺盛的良好状态。

一般在周王出征前夕，也常常以狩猎方式检验部队的战斗力。

西周时期军纪相当严格，这一点在军事训练中也有所体现，它规
定凡部队集合时迟到者受诛，违反命令不勇敢冲杀的更要受到严惩。

战国时期，各诸侯国文武分职，普遍实行相、将分权制度。当时
统率军队的长官称将、将军、上将军、大将军、都尉。齐、赵、魏、
燕等国都设有这样的职务。秦国设立将军官职的时间较晚，大良造为
最高武职。

战国时期各国普遍建立了常备兵，为了使常备兵拥有强大的战斗
力，各国都普遍强调对军队进行严格的训练，执行严肃的军纪。

在当时，秦国的"锐士"，魏国的"武卒""苍头""奋击"，齐
国的"技击"，都是战斗力很强的常备兵。齐兵就被形容为"进如锋
矢，战如雷霆，解如风雨"。

各国都普遍注意军队的赏罚。如齐国规定兵卒凡敌一首则受赐

052

兵器阵法

历代军事与兵器阵法

金。再如燕破齐时，燕昭王亲自前往前线劳军。又如秦国制订军功爵20级，规定不分贵贱，按军功大小实行奖赏。士卒获一敌首，就赐爵一级、授田一顷、住宅地9亩、隶役一人。

各级将吏也论功行赏，无功者受罚。士卒畏战退却，要处重罚。秦军5人编成一伍，5个人中有一人逃亡，就刑及其余4人；如果4人中有人能获得一敌首，则可免刑，这是在军队中推行"连坐法"的做法。

战国的军事法规，也在当时成书的兵书中得到了较多的反映。如《尉缭子》书中有《重刑令》《伍制令》《分塞令》《经卒令》《勒卒令》《踵军令》等篇目，它们对维护战场纪律、军队内部制度，军营内部的警戒，各级军官的权限，战斗编组及军旗、徽章的使用，指挥号令的实施等问题，都有具体而严格的规定。在另一部军事名著《六韬》中，也有类似的记载。

这些军事法规，充分体现了战国军队建设的巨大历史进步，说明军事法规对于发挥军队战斗力的重要性，已为当时的军事理论家们所高度认识。

阅读链接

白懋父是西周重臣，也是军队的主帅，曾多次率军东征、北征，又主持官员之间的讼事，断其是非，定其处置，其地位非一般官员可比。

据《白懋父簋》记载：东夷大反，白懋父率商军8个师伐东夷，至东登，伐海湄，胜利而归，并因征伐东夷五峟获得了货贝，受到了奖赏。

西周军队的纪律非常严格。据《师旅鼎》记载：有一次白懋父率军出征，师旅的兵勇未能按指令随大部队征战，统帅白懋父事后严厉批评师旅长官并处以罚金。

秦汉时期军事制度

　　秦汉时期，是我国古代军事史上一个重要的发展阶段，不仅因为出现了秦皇汉武这样的军事统帅，也因为全面总结了春秋战国以来的历史经验，从而形成了完备的军事制度。

　　这一时期朝廷掌握着军事领导权，这在指挥、训练及后勤保障诸方面都有鲜明体现。秦汉时期的军事制度，在我国军事史上占有重要地位，奠定了我国封建军事制度的基础。

■秦始皇画像

■ 秦朝虎符

秦始皇统一天下后首创皇帝制，确立了皇帝的至高无上的地位，皇帝执掌着全国最高的军事权力。全国各地军队的调发，将帅兵权的授予，都必须以皇帝的虎符为信物。任何军队的调发，必须由皇帝所遣使臣持符验合方能生效。

传世的秦代"新郪虎符"，是秦始皇在建国前颁发给驻守新郪的将领的兵符，证明秦国军队从战国时就由国君直接控制。虎符铭文"甲兵之符，右在王，左在新郪"，意思是虎符分为两半，一半留在皇帝手里，一半发给新郪这个地方的官吏或统兵将帅。

除虎符之外，皇帝下达军令必须盖上由他专用的玺印；一般远程的军事行动，必须持军令作为通行证。

秦代由皇帝集权的军事领导体制是与郡县制的行政体制相适应的。秦代已经建立了郡县制，并在郡、县、乡均有专职主管军政的职官。

各郡都设郡尉一职以掌管军政，负责朝廷规定的兵员的征集、调遣和武器装备的制造、保管以及地方

秦始皇（前259年—前210年），即嬴政，我国历史上伟大的政治家、战略家、军事家。秦始皇创立皇帝制度，在中央实施三公九卿制，地方废除分封制，实行郡县制，统一文字、货币和度量衡等，北击匈奴，南服百越，修筑万里长城，奠定了今日我国版图的基本格局，把中国推向了大一统时代，对中国和世界历史产生了深远影响，被明代思想家李贽誉为"千古一帝"。

治安等项。各县设县尉，掌管一县军政。县以下的乡也设游徼主管军政、治安。

郡县都没有此前的诸侯国那样的军队和军权，军权是高度集中于朝廷之手，地方只负责管理军政事宜。这样就保证了以皇帝为主宰的朝廷集权的统一的军事领导体系，它在我国封建社会中延续达2000年之久。

秦统一以后战争减少，但国家对士兵的军事训练并未放松。国家法令规定，各郡则因地制宜，各有侧重地训练不同的兵种。

大体上巴郡、蜀郡、颍川等地多材官，上郡、北地、陇西等地多骑士，江淮以南多楼船士。一旦有战事，国家按需要征调不同地区部队。平原作战征调车兵、骑兵，山地作战征步兵，南方水域作战则调水军。如此军训及征调方式，体现出全国统一后的又一军制特点。

秦代的军事后勤保障制度也很完善。当时秦军队的武器、铠甲、粮食、马匹，均由国家统一提供，国家设有专门的武库。

秦始皇十分重视军粮问题，他鼓励农民大量开垦土地，种植粮食，然后向人民征收相当数量的租赋。这些赋税除了用来满足统治者的挥霍外，其中很大一部分被用于供养一支庞大的军队。秦代在京城和荥阳建有粮仓，贮备了大批粮食，战时有专官负责补给、调拨。

兵器阵法

历代军事与兵器阵法

■秦砖上的骑兵画像

■ 刘邦入关蜡像

　　此外，由于骑兵在秦代已大量使用，马政成为国之大政。秦代制订了《厩苑律》等法令，对马匹的放牧、调教、管理均作出了具体的规定。

　　汉承秦制，皇帝仍是最高军事统帅，皇帝通过其直接操纵的两大朝廷军事领导机构，控制全军。这两大机构，一个是由郎中令、卫尉、中尉等组成的朝廷警卫部队领导机构，再一个是由太尉、将军、将、尉等组成的全军最高军事行政领导机构。

　　朝廷警卫部队领导机构大致可分为宫廷警卫与京城警卫。宫廷内警卫称为南军，主要由郎中令负责，属官有议郎、中郎、侍郎、郎中。汉武帝时，南军由卫尉统领，负责守卫宫殿。卫尉属官有如公车司马令、卫士令等。

　　警卫京城的称北军，系京师精锐，无事自屯其所，有警应诏救急，因驻于未央宫以北，与宫中南军位置相对，故名。北军主要由中尉负责，汉武帝时更名执金吾。执金吾除了担任宫殿之外、京城之内的日常警备，在皇帝出行时还要充任护卫及仪仗队。执金吾的属官有如中垒、寺互、武库、都船等军职。

兵器阵法

历代军事与兵器阵法

■ 秦始皇御驾亲征塑像

三公 古官名，其说法在历史上各异。据杜佑的《通典》记载："汉以丞相、大司马、御史大夫为三公。后汉又以太尉、司徒、司空为三公。魏、晋、宋、齐、梁、陈、后魏、北齐皆以太尉、司徒、司空为三公。"

为了有效地控制全军，皇帝在朝廷设置了以太尉为首，包括将军、将、尉等职的军事领导机构。

太尉是名义上的最高军事长官，但实际只负军事行政责任，并无发兵、领兵之权。调兵权完全操于皇帝之手，如无皇帝的符节，虽官为太尉也不得领兵、发兵。

将军的称号先秦已有，约在汉代才定为官名，而且有大将军与列将军之分。皇帝的近卫武官称将军，近卫武官之长则是大将军。

因其近卫皇帝左右，多为亲信，故能得委任领录尚书事，居宫中参与政事，逐渐成为朝官的重要角色。西汉大将军之位，基本上可与三公地位相当。

与大将军地位相仿的还有骠骑将军、车骑将军等，稍次有卫将军，如遇有边事，还备齐前后左右四将军。

比将军地位略低的军官是将，或称别将。再往下则属中级武官，有校尉、都尉。一般说校尉在都尉之上。他们战时带兵出征，平时与大将军同居朝中，为皇帝直接控制。

汉代军队的各级指挥员不仅在战时领兵作战，更要在平时负责军事训练。按西汉军制规定，未经训练或技术不娴熟的士卒不能应召。同时，军事训练的内容根据不同的军种而有所不同。

骑兵的训练重在骑射，骑兵的校尉必须是善骑射的好手称为骑将。楚汉战争中，刘邦为加紧训练骑兵，曾拜出身于秦军骑士的李必、骆甲为左、右校尉。汉武帝也曾用匈奴降兵降将训练汉军骑兵。

材官的训练以发矢张弩为主。《汉律》中的蹶张士，即材官中的力健者，能以足踏强弩而张开，故名蹶张。由于弓弩是汉代重要兵器，它既可较远距离射杀敌人，又能避免自身的伤亡。所以使用弓弩的训

楚汉战争 又名楚汉之争、楚汉争霸、楚汉相争、楚汉之战等。是公元前206年8月至公元前202年年初，西楚霸王项羽、汉王刘邦两大集团为争夺政权而进行的一场大规模战争，最后以项羽败亡，刘邦建立西汉王朝而告终。

■秦始皇与大臣雕像

角抵 一种类似现在摔跤、拳斗一类的角力游戏。主要是通过力量型的较量，用非常简单的人体相搏的方式来决出胜负。秦代禁止民间私藏兵器，徒手相搏斗的角抵因而兴盛。汉代的角抵活动已具有后来摔跤的基本特色。

太守 我国古代官职名。秦时设郡守，汉景帝更名为太守。"太守"一职，为一郡之最高长官，除治民、进贤、决讼、检奸外，还可以自行任免所属掾史。

■ 东汉光武帝刘秀画像

练，对各军兵种几乎都是重要训练科目。

楼船舟师不但训练行船，也习战射。边防戍卒要熟练掌握烽火技术。

除专科训练外，西汉军中还有蹴鞠、角抵、手搏等基础训练。蹴鞠就是踢球，即古代足球，本是一种民间娱乐，至西汉发展为军事训练项目。汉军普遍以蹴鞠练兵，提高士兵素质。

当时宫苑内的"鞠城"和"三辅离宫"蹴鞠地，就是南、北军练习和比赛蹴鞠的场地。此外，角抵、手搏等民间武术、技巧，也已成为军训内容。

军事训练成效如何，必须经过检阅，所以西汉朝廷、地方两级军事领导机构的一项重要职责，就是通过军队校阅进行考核。

军队检阅分京师、郡国两级，每年一次，通常安排在秋季。京师阅兵仪式庄重，军阵壮观。京师的禁卫军还有自己的检阅活动，比如霍光父子掌南军时就曾多次检阅羽林。

与京师一样，各郡国车骑材官卒、舟师水军、边防戍卒每年秋季也都要进行大检阅，被称为"都试"。都试时，太守、都尉、令、长、相、丞、尉都要参加，目的是经过考试论定士卒优劣。都试内容以射为主，加试骑乘、刀矛等技术。

都试中还往往用近乎实战的

■汉代弓弩

狩猎形式搞军事演习，以考察士卒的技术程度和武器装备。

东汉军制有了很大变化。东汉初建时，刘秀接受了西汉末年政治动荡的历史教训，对朝廷行政机构进行调整，朝廷军事机构有些被裁减。此外还削弱一部分地方军。东汉政权采取的这些措施，是为了避免军权分散，以达到强化皇权的目的。

阅读链接

秦国在商鞅变法时，实行军爵制。就是把军功分为公士、上造、大夫、关内侯、彻侯等20等级，按军功授爵。凡因军功而获得爵位者，可以享受各种优惠的特权。

由于当时秦国实行以军功论赏的军爵制，官兵作战勇敢，此制成为秦统一战争胜利的重要原因之一。

秦统一后由于战争减少，军爵制已经发生变化，赐爵不再局限于立军功，而是扩大到了修驰道等有贡献者。这种变化表明，和平时期已没必要再像过去那样格外强调以军功赐爵了。

魏晋南北朝军事制度

魏晋南北朝时期长时间南北对峙，使得南北双方都注意充分发挥自身的优势，扬长避短，力图在南北抗争中战胜对方，从而促进了军事制度的发展和进步。

魏晋南北朝沿东汉军制，在继承前代的基础上形成了自己的特色。比如曹操依法治军、诸葛亮演练八阵图、孙权的世袭领兵制、刘宋为训练士兵专修的宣武场等，都在军史长河中留下了重要的一页。

■曹魏政权的建立者曹操画像

■ 古战场激战场景

三国时期的军制，对汉制有所继承和发展。由于各国立国条件不同，所处的地理环境各异，因而三国的军制，也各具特色。

曹魏的军队，分为朝廷军和地方军两种，朝廷军又分为中军和外军两部分。

朝廷军是屯驻于京师地区的朝廷直属军，是魏国军队的核心力量，它是由曹操的亲军转化而来。中军主要由武卫、中领、中护、中坚、中垒五营组成，中领军和中护军为五营的正副统帅。

地方军也称州郡兵，为地方武装，属州刺史和郡太守统辖。这些军队，原是在刺史、太守私人部曲的基础上组建而成。

后来曹魏实行给客制，地方官员往往把国家所赐的屯田客变成部曲，再加上从地方上招募的壮勇，使地方军有所发展。双轨制建立后，州郡的官员又把国

给客制 给客就是佃农合法地依附于官员个人，成为其荫户。给客制度下佃农只需向主人交租，而不用另外向国家纳税服役，而民屯制下，农民不仅需要将大部分劳动产品交予国家，还需要时不时地负担服徭役兵役。对此，学术界仍待定论。

■ 蜀主刘备画像

诸葛亮 （181年—234年），字孔明，号卧龙或伏龙。三国时期蜀汉丞相，杰出的政治家和军事家。在世时被封为武乡侯，死后追谥"忠武侯"。后来东晋政权推崇诸葛亮军事才能，特追封他为武兴王。诸葛亮成为后世忠臣楷模，智慧化身。

家拨给的军队与地方军合二而一，大大加强了地方割据的势力。

曹操主张以法治军，制订了严格的军纪、军法，遵纪守法、服从指挥者受奖，怯战、逃亡、投敌或惑乱军心者则严惩不贷。

刘备在称帝前，曾以汉献帝的左将军和汉中王等名义行使职权，但实际上他军、政、财权一起抓，在其统治区内，他既是最高的军事统帅，也是朝廷的首脑。

在他的将军府或王府，诸葛亮任军师将军，府中设有一整套军政人员，分掌军、民、财政。

刘备称汉中王，关羽、黄忠、马超、张飞分别担任前、后、左、右将军，分统军队驻在朝廷和地方，担任一个方面军的统帅。

刘备称帝后，在将军府的基础上组建朝廷，刘备为皇帝，是当然的最高军事统帅。诸葛亮任丞相录尚书事，辅佐刘备总理军政事务。国家的军队，也分中军、外军，由各种名号的将军统领。

为了提高军队的协同作战能力，诸葛亮也很重视对战阵的研究，史料记载他推演兵法做了八阵图，八阵图大概为诸葛亮操演军士所用的各种训练方式的统称。据说是以步、弩、车、骑4个兵种联合编组的战阵，主要是用来对付曹魏骑兵的集团冲击。

在军队的供应方面，蜀汉除征集居民的租调外，还设司金中郎将负责监造兵器，设司盐校尉负责盐、铁的生产和专卖，以其收入作为军费开支。

另外，诸葛亮还曾在汉中和渭滨建立了分兵屯田的制度，由部队轮番耕种，以弥补军粮的不足和缓解远途运粮的困难。

孙权为最高的军事统帅，其下，由丞相或官阶较高的大将军等，负责统领指挥全国的军队。

孙吴的朝廷直辖军也称中军，以宿卫军为主，有羽林、武卫、虎骑等营，其成员大多由孙氏的故将所领部属组成。统率宿卫军的将领称为督或将军，多由孙氏家族的子弟担任。

孙吴的统军将领中，以骠骑、车骑和卫将军的官阶较高，征、镇、安、平将军次之。

领兵将领的官职多以督命名，督的名称很多，统领中军宿卫军以外各部者，有京下督、无难督、水军督、骑督、前督、左部督、右部督、升城督等。统领外军者，一般将所在地的地名，冠于督前，如西陵督、公安督、巴丘督、濡须督等。

孙吴的地方州郡，也实行双轨制建制，地方官兼有军职者，其所统领的朝廷军称外军。另外还有地方军。

吴主孙权画像

■ 骑兵驯马塑像

士族 又称门第、世族、势族等，指世代为官的名门望族，它是我国历史上从两汉到隋唐最为显著的官员选拔的系统，其实际影响造成朝廷国家重要的官职往往被少数氏族所垄断，个人的出身背景对于其仕途的影响，远大于其本身的才能与专长。直到唐代，它才被科举制度所取代。

孙吴政权为了保障世家大族的特权，建立了世袭领兵制，即将这些世族官僚所统领的军队用国家的名义赏赐给他们，可以世代相承。这些军队，名义上虽属国家，实际上已具有私人武装的性质。

在实行世袭领兵制的同时，孙吴还实行了奉邑制及复客制，即赏赐给统兵的将领若干县邑和若干劳动人口，用其租赋的收入供给所领的军队。

孙吴也实行屯田制，有军屯、民屯两种。军屯由驻外地的部队屯垦，民屯则主要由被驱赶出山的山越承担。屯田的收入，一部分以供军需。

在孙吴境内，对人民的赋税征收，仍然是军队粮秣衣着供给的重要的来源之一。

两晋时期由于士族掌权，重臣执掌国命，致使皇权受到了削弱。除个别皇帝如晋武帝司马炎尚能掌握国家的军政大权外，许多皇帝反而成了权臣手中的工具。所以这一时期的军事领导系统变化无常，常因人而异。

十六国的军事领导系统，呈现出复杂的情况。总的情况是，诸胡政权和每一个胡族政权的前期，大都实行胡汉分治政策，在政权组织上，一国设置两套班子，分府办公，各行其是，总统于皇帝。

十六国时期的许多国家，在州一级政权中，也仿照魏晋之制，实行军政长官互兼的制度，任命驻在各军事要地的统军将领，兼任所在州的刺史，或给刺史加上持节都督的职称，兼统军事。

刺史所领的军队，在制度上属于朝廷军的外军，应听从皇帝和朝廷的都督中外诸军事调遣。但是实际上，由于担任地方军职者，非皇族子弟就是创业的元勋，或是带兵投靠的少数民族首领，他们往往视所统

复客制 国家允许官僚大族所占有的佃客免除赋役。他们的佃客多由国家赐予，如东吴朝廷曾赐吕蒙"寻阳屯田六百人"。他们的佃客也有自行招募的，但不向国家服役纳税。

奉邑制 孙吴创业史上曾实行过的一种独特的制度。赐给统兵将领若干县邑，用其租税收入供给部曲及所统之兵，奉邑多少根据官职大小和领兵数量而定。

■ 十六国时期的战马雕塑

宋武帝刘裕

的军队为私人武装，不听从朝廷的调遣，甚至阃独立。

南朝军队体制，主要分为中军、外军两部分。中军又称内军，即领军、护军、左卫、右卫、骁骑、游击六将军所统军队。此外，有左、右、前、后四将军，称为四军。

宋武帝刘裕曾恢复屯骑、步兵、越骑、长水、射声五校尉所统军队，以扩大宿卫宫城及京都的兵力。还有虎贲中郎将、冗从仆射、羽林监所统军队，谓之三将。

萧梁曾改骁骑将军为云骑将军、游击将军为游骑将军，另置左、右骁骑将军，左、右游击将军，位在云骑、游骑将军之上。

上述诸军皆为中军，但六军是中军主力。中军中的左、右卫宿卫宫阙，其余众军平时保卫京师，战时出兵征讨。

南朝外军，即各地都督所统军队及地方州郡兵。沿东晋旧制，南朝都督几乎遍布于全国，都督所辖少则一两州，多则八九州，最多者至16州。凡都督皆领兵，有些都督拥有军队数量十分可观。

南朝都督由朝廷任命，君主当然有对其征召调遣的权力，对他们也还有一些具体的限制。

南朝中外诸军的领导权总归于皇帝。征发调遣时，皇帝颁诏，尚书下符。

南朝各代比较重视中军的训练。刘宋于448年专修宣武场，以操练步兵骑兵。其后，宋孝武帝又在玄武湖大阅水师。南朝各代皇帝都在宣武场讲武，训练步兵、骑兵，在玄武湖训练水师。

讲武的主要目的，一方面是平时训练军队，战时便于指挥战斗；另一方面，也是炫耀武力，宣扬国威。

南朝的军事后勤工作，由朝廷设专门部门管理。制造弓弩枪槊铠甲等兵器战具诸事，由尚书库部郎负责，具体由少府、尚方、东冶等部门制作。

南朝朝廷设南、北武库，兵器制好以后，入库储存，由尚书库部郎掌管。建造战船、装配水师等，则由都水使者、尚书水部郎负责。

军队粮食衣着供应，由度支尚书主管。关于外军后勤供给，各地都督府下也有武库、粮仓等后勤设施。

北朝北魏、东魏、西魏、北齐和北周时期，其朝廷军事领导机构各有特色。

北魏的军队由中兵、镇戍兵、州郡兵3部分组成。中兵又称台军，是北魏军队的主力。孝文帝曾经仿照魏、晋、南朝改革军制，中兵称为羽林、虎贲。

中兵、镇戍兵、州郡兵虽各有所统，但都受朝廷统一调遣，最高

■南朝骑士俑

■北魏灰陶战马

指挥权在朝廷，有事由皇帝下诏。

东魏和北齐军制大体沿袭北魏，军队也分为中兵、镇戍兵、州郡兵三部分，其军队领导体制、军队编制、军兵种等都略同于北魏。但其军制也有自己的特点，这就是东魏北齐所特有的夷、汉分兵制。

北周的宇文泰总领军队大权，领兵官是六柱国，各领一军，是为六军。

六柱国下，每柱国又各设两大将军，共12大将军。每大将军下，又各设两开府，共24开府，是为24个军。每开府下，又各设两仪同，共48仪同。以下还有大都督、帅都督，都督等领兵官。

这就充分显示了北周朝廷军事领导机构的特色。

阅读链接

曹操戎马一生，用兵灵活，擅长选将用将，治军严整，赏罚分明。有一件事可以鲜明地表现出曹操的这一面。

有一次，曹操统兵往宛城讨伐张绣，曾传令三军沿途不可践踏青苗，违令者斩。但行军途中，他自己的马因受惊而入麦地，践踏了青苗，曹操遂欲拔剑自刎，为众将所劝阻，最后割发代替斩首，用来儆戒三军。

在当时的社会，曹操作为一名臣相，能在"马踏青苗"事件中割发代首，确是一种很了不起的举动。

隋唐时期军事制度

　　隋唐两代是我国统一的封建专制主义朝廷集权国家重新建立、各民族进一步融合、经济发展、国力强盛的时期，也是府兵制进一步完备并走向衰落，军事制度发生重大变化的时期。

　　隋代为了加强中央集权，朝廷对府兵制做了重要改革，在全国广设卫府，使军权逐步集中在皇帝手中。唐代整顿府兵制度，并重视对府兵的军事训练，发展马政，还制订了比较完备的军事法律，使军事制度臻于完善。

■隋文帝杨坚

■ 隋代军士俑

历代军事与兵器阵法

尚书省 官僚机构。南朝宋得名，前身为"尚书台"。由汉代皇帝的秘书机关尚书发展而来。是魏晋至宋的朝廷最高政令机构，为朝廷朝廷最高权力机构之一。"尚书省"的组织机构，到了隋代定型。

隋代军权主要集中于朝廷，由皇帝亲自掌握。尚书省下辖的兵部，为皇帝日常的军事代办机构。其最高长官为兵部尚书，下设兵部侍郎、职方侍郎、驾部侍郎、库部侍郎。

隋代卫府制度的形成，是军权集于皇帝的重要措施。581年2月，隋文帝在全国设十二卫府，即左右卫，左右武卫府，左右武侯府，左右领左右府，左右监门府和左右领军府。

左右卫掌宫掖禁御，左右武卫府领外军宿卫，左右武侯府掌车驾外出警卫，左右领左右府掌侍卫左右和供御兵杖，左右监门府掌宫殿门禁及守卫，左右领军府掌12个军籍帐、差科和词讼。

左右卫、左右武卫和左右武侯各置大将军一人，将军两人，长史、司马、录事、功、仓、兵、骑等曹参军，铠曹、法曹行参军各一人，行参军左右卫、左右武侯各6人，左右武卫各8人。而左右领左右府、左右监门府和左右领军府所置官员有所不同。

十二卫府所置大将军上隶皇帝，下辖骠骑、车骑府，军士称侍官。骠骑府置骠骑将军、车骑将军；车骑府置车骑将军。其下又置大都督、帅都督和都督。

这些军将的官号、品级承袭西魏、北周，但有所变更。如大将军降低两级，骠骑将军降低两级半，车骑将军、大都督、帅都督和都督均降低3级半。军将的数量有所增加，以利于皇帝控制军队，加强朝廷集权。

十二卫府统禁卫兵，其任务是禁卫京都和征讨。骠骑、车骑府直接掌握府兵，屯于京城及各地要冲，拱卫首都。

与十二卫府相对应的有东宫十率：左右卫率、左右宗卫率、左右虞侯、左右内率和左右监门率。

607年，隋炀帝改革十二府之制：左右卫改为左右翊卫；左右备身改为左右骑卫；左右武卫名称如旧；左右领军改为左右屯卫；增置左右御；左右武候改为左右候卫。又改左右领左右府为左右备身府，左右监门仍承旧名，共16个府卫。

"十二卫"军士被冠以荣誉称号：左右卫的军士名骁骑，左右骁卫军士名豹骑，左右武卫军士名熊渠，左右屯卫军士名羽林，左右御卫军士名射声，左右候卫军士名伙飞，总称之卫士。

每府大将军以下人员基本如旧，增置护军4人。左右侯卫增设察非掾两人，专管纠弹之事。

隋炀帝对东宫十率也有部分改组：左右卫率改为左右侍率；左右宗卫率改为左右武侍率；左右虞侯开府改为左右虞侯率，并置副率。左右内率降为正五品，左右监门率改为宫门将，降为正五品。

613年，置左右雄武府，隶属于左右备身府。招募百姓为骁果，置折冲、果毅、武勇、雄武等郎将统领。骁果在皇帝

隋唐白瓷武士俑

■隋炀帝铜雕壁画

护从军中占有重要地位。

隋初在地方上推行州、县两级制。在边境及内地重要州，设总管负责该地域军事，并统一附近数州的军事管理。隋炀帝时改行郡、县制，在郡设都尉、副都尉，负责一郡的兵马，与郡不相知。

军事要地置镇，设镇将、副将。上镇将从四品，中镇将及上镇的副将从五品，下镇将及中镇副将为正六品，下镇副将从六品。

次于镇者置戍，设戍主及副。上戍主为正七品，中戍主及上戍副为正八品，下戍主及中戍副为正九品。要隘及交通孔道设关，置令及丞。上关令及中关令从八品，下关令及上关丞正九品。

至唐代，唐太宗时整顿府兵制度后，十二卫各领40至60府。鹰扬府恢复骠骑府、车骑府的旧名，不久又改为折冲府，分别冠以所在地的名称。

每府置折冲都尉一人，左右果毅都尉各一人，长史、兵曹、别将各一人，下辖4至6团，每团设校尉，辖两个旅。每旅设旅帅，辖两个队。每队设队正，分为五火。每火10人，有火长。每队、每火的装备，如马、马具和锸、斧、钳、锯等，均有定数。

府兵自用的武器、装具和征途所需粮食皆自备。马匹不足，由官府供给。平时训练在冬季进行，由折冲都尉率领本府兵马习战。

府兵的调遣、指挥权属于朝廷。凡发兵10人以上，除紧急情况外，都要有尚书省、门下省颁发的皇帝"敕书"和铜鱼符，州刺史与折冲都尉勘契乃发。

唐初，驻防边境的军事机构称镇、戍。镇与戍均有上、中、下之分。每镇设镇将、镇副各一人，每戍设戍主、戍副各一人。

此外，在少数地方，大者设军，小者设守捉，各设使和副使统领，有的由州刺史兼任使职。

地方兵中多为各地轮番到边境戍守的戍卒，称"防人"，三年一代，自备资粮；另有少数招募来的兵，称"防丁"或"丁防"。

唐王朝对府兵的军事训练非常重视。训练内容主要有教习骑射和战阵操演。冬春要讲武或狩猎，这在唐太宗、唐高宗时几乎每年都进行。

每年冬季，折冲府要校阅在府兵，借以进行战术训练。训练时，要求士兵平时就习唱歌词，战时从中辨别号令。通过大角、鼓、钲、旌旗的变化，训练士兵的耳、目、手足，要求动静进止整齐划一，而狩猎更近于实战。将士的战术水平都会有不同程度的提高。

唐高宗（628年—683年），李治。唐代第三任皇帝，谥号"天皇大帝"。在位期间，开创了有贞观遗风的永徽之治。唐代的版图，以高宗时为最大，东起朝鲜半岛，西临咸海，北包贝加尔湖，南至越南横山，维持了32年。

■唐太宗李世民

■ 唐代田猎场景壁画

兵器阵法

历代军事与兵器阵法

唐高祖（566年—635年），唐朝开国皇帝，谥号"太武皇帝"，庙号高祖。唐高宗时加谥"神尧大圣皇帝"，唐玄宗时加谥"神尧大圣大光孝皇帝"。他是杰出的政治家和战略家。他奠定了彪炳千秋的290余年的盛唐霸业，并因之得到了后人的褒扬。

讲武也是军事训练的重要方式。讲武有直、方、锐、曲、圆五阵，五挑而五变，狩猎较为灵活。

唐高祖、唐太宗、唐高宗、武则天时，都曾集合各军，进行讲武活动。尤其是唐玄宗于713年在骊山讲武时，征兵20万人，规模相当宏大。唐玄宗身穿戎服、持大枪立于阵前督军操练。

讲武虽系军训，但要求严格，布阵破敌，进退有序，节合金鼓，稍有差错，严惩不贷。如骊山讲武时，兵部尚书郭元振因军容不整险被处死，给事中唐绍因军仪有失而被斩首。

田猎也是训练方式之一。唐太宗田猎频繁，臣下谏阻，他解释道：现在天下虽然太平无事，但武备却不可松懈。只要遇到战事，领兵将帅都要严格查验征调府兵的战斗技能。不精者，追究其折冲都尉，包括追究刺史的罪过。

唐代还制订了比较完备的军事法律，如《卫禁律》《擅兴律》《捕亡律》《宫卫令》《军防令》《兵部式》《兵部格》，对军人的职守、赏罚等有较详细的规定。凡违犯了"令""式"中的有关规定，就要依"律""格"给予惩处。

骑兵在唐代的统一战争中起了重要作用，唐初几次关键性战役，骑兵都有上乘表现。所以，唐代很重视马政。

唐初，太仆寺负责马政，下设牧监、丞、主簿、直司、团官、牧尉、排马、牧长、群头各级官吏，按群放牧。太仆寺少卿张万岁领群牧时，政绩斐然，自627年至664年近40年间，养马多达70万匹。

张万岁以后，唐代马政渐废。高宗永隆年间，夏州牧马死失19万匹。唐玄宗开元年间，国马消耗更

张万岁 唐代马政的关键人物。张万岁对养马有自己独特的方法和管理体制。在他任职期间，全国牧马迅速增长，至李靖征突厥时，唐代战马已经不输于突厥战马，张万岁的陇西牧马场不仅为唐军提供了10余万的良马，而且马场栏中尚存10余万匹。

制胜保障

历代军制

■ 唐代战袍仪卫图

■唐朝骑兵图

多。为增加马匹数量，朝廷曾在边境地区以用一个"游击将军"的头衔换30匹马的办法解决军马问题。这当然不是办法，于是，朝廷重新重视马政。

至724年，太仆寺所养马匹达至43万，较之开元初年的24万匹大为增多。此后，又通过与突厥互市，买其马于陇右、河东、朔方。

阅
读
链
接

唐太宗在很多事情上受益于长孙皇后。唐太宗有一匹好马，特别喜爱它，常在宫里饲养。

有一天，这匹马却突然死掉了，也看不出有什么生病的征兆，他要杀掉养马的官人。

长孙皇后劝谏说："从前齐景公因为马死了要杀人，晏子请求述说他的罪状：'你养的马死了，是你的第一条罪。让国君因为马杀人，百姓必定怨恨我们国君，是你的第二条罪。诸侯也必定轻视我们齐国，是你的第三条罪。'齐景公听后赦免了养马人的罪。"

唐太宗听了终于平下气来。

宋元时期军事制度

宋太祖赵匡胤建国后，在平定各割据势力同时，还针对长期以来藩镇割据带来的政权频繁更迭，采取了一系列集权于朝廷的政治改革措施。北宋的军制正是在这个基础上形成的。

元代统一全国后，元世祖忽必烈对军制进行了重大改革，从军队指挥系统到军队管理、后勤供应、军事法规等，都实行了一套比较完备的制度。

■宋太祖赵匡胤

■ 宋朝官员蜡像

北宋军队的领导权集中在皇帝手中。为了从体制上限制军队将帅的权限，使兵权完全集中在皇帝手中，宋王朝在朝廷实行了以枢密院掌管军政军令，三衙分掌马步军的训练与日常管理、临时派将统兵出征的分权制度。

枢密院是宋代主管军机事务的最高机关。枢密院负责制订战略决策，处理国防事务，招募、检阅、调遣军队。

枢密院的长官是枢密使、副使、或知院事和同知院事。枢密使、副使与参知政事合称"执政"，与宰相共同负责军国要政，是朝廷中地位仅次于宰相的最高行政长官之一。

在正副长官之下，还有签书院事与同签书院事，又设都承旨、副都承旨，负责内部事务；其下又有检详官、计议官、编修官，为枢密院的骨干。

三衙是宋代分掌全国军队的最高指挥机关，其全名是殿前都指挥使司、侍卫亲军马军都指挥使司和侍卫亲军步军都指挥使司。

三衙各设都指挥使、副都指挥使和都虞侯，但很少同时配齐。三衙的都指挥使简称为殿帅、马帅、步帅，合称三帅。三衙掌管全国军队的辖制训练、番卫戍守、迁补赏罚。三衙互不统属，直接隶属于皇帝。

北宋军队的领导体制把调兵权、统兵权、握兵权一分为三。这种军制对于消弭兵祸，保障社会的安定，维持正常的生产和生活秩序，起了良好作用。

南宋军制大体上沿袭北宋制度，但国家主力军是屯驻大军，西北边防的番兵也已不复存在。

宋元之际还有辽、西夏和金3个政权。辽代主管军事的最高机关为枢密院，后为南、北两枢密院。北枢密院统领契丹兵马，南枢密院统领汉族兵马。枢密院使是当时全国最高军事首脑。

都元帅府 我国古代的官署名。金王朝在1125年始立都元帅府。有都元帅、左右副元帅、元帅左右监军、左右都监等官。任都元帅者常秉大政。金海陵王时，都元帅府被枢密院所取代。

■ 金代武士像

西夏的常备军主要是部族军。部落是军事组织的基础，部落首领即军队将领，享有很高的威望。西夏的军队有很强的组织性和纪律性。

金代设置的最高军事机构是都元帅府，掌握全国的军事大权，下设都元帅和左、右副元帅各一员，由谙班勃极烈和勃极烈担任。各路设军帅司或都统司，由都统统领本路

■ 元世祖忽必烈画像

军队，隶属都元帅府。

至海陵王时，朝廷废除了都元帅府，仿汉制设枢密院，由朝廷任命枢密使、副使掌握全国军事。

元代统一全国后，元世祖忽必烈为加强朝廷集权，在朝廷设立枢密院，作为掌管全国军政的最高机构，地方统军机构几经变化后也基本趋于稳定，形成了一套制度。

枢密院负责调发和管理全国军队、筹划军事部署、铨选武官及为军队提供后勤保障。军队的通信、马政等，由中书省兵部负责，不归枢密院掌管。

枢密院初设时只置枢密使、副使、金书枢密事等职，后来增置了同知枢密院事、知枢密院事、同金书枢密院事等职。皇太子兼枢密使。知枢密院事是枢密院的最高长官。知院原设一员，后来增至7至10员。

枢密院向皇帝奏报军情要务，一般情况下不经过中书省。重大的军事决策，皇帝要召集中书省和御史台等中枢机构官员与枢密院官员一同商议。

元世祖将全国划分为12个一级行政区，包括一个中书省和11个行中书省。行中书省简称"行省"。

各行省设置平章两员，兼管军事，总督本省军马。行省中心地区或少数民族地区，设立宣慰司都元帅府掌军政和民政，作为行省和郡县的中介机构。

忽必烈 （1215年—1294年），即孛儿只斤·忽必烈。蒙古族。成吉思汗嫡孙。元朝的创建者，谥号"圣德神功文武皇帝"，蒙古尊号"薛禅汗"。蒙古族卓越的政治家、军事家。他在位期间，建立行省制，加强朝廷集权，使得社会经济逐渐恢复和发展。

各行省的军队调发，需经枢密院批准传旨。行省内务军队的镇戍和屯田地点，也要由行省官员和枢密院协议确定。

元代实行军官世袭制度。承袭者必须年满20岁，按照规定要进行武艺和文化考核。承袭者可以是儿子，也可以是兄弟子侄。

元仁宗时特别作出规定，必须由嫡长子承袭，其次是嫡长孙。这是第一顺序。如果没嫡长子孙或嫡长子孙不够承袭年龄，则改由第二顺序，即庶子和兄弟、侄等承袭。嫡长子孙及龄后，第二顺序承袭者要将职位交回他们手中。

掌管探马赤军的军官升迁后，原来的职位由他们的"弟侄儿男"继任，管汉军的军官升迁后，留下的职务由他人继任。

元世祖又规定了军官的品级、各军府设军官的人数以及军官所持的符牌标准。万户府、千户所分成上、中、下三等，侍卫亲军各卫指挥使司与上万户府等级相同；百户所分为上、下两等。

万户府设达鲁花赤、万户、副万户、镇抚；侍卫亲军各卫设都指挥使、副使；千户所设达鲁花赤、千户、副千户、弹压；百户所设百户。草原上的

制胜保障

历代军制

中书省 我国古代官署名。封建政权执政中枢部门。中书省的组织历代均有变化。汉始设中书令，晋以后称中书省。为秉承君主意旨，掌管机要、发布政令的机构。沿至隋唐，遂成为全国政务中枢。宋元时中书省设中书令和中书丞相，明清时期废置。

■元代鎏金青铜印

元代军政官员

兵器阵法

历代军事与兵器阵法

蒙古军，仍保持过去的千户长、百户长等职务。

元代军官佩有符牌。分为虎头金牌、平金牌、平银牌三等，又称为虎符、金符和银符。大致上是万户佩虎符，千户佩金符，百户佩银符。

虎符还有三珠、二珠、一珠的区别，三珠虎符最高，只有上万户府达鲁花赤、万户以上的掌军者才能发给。符牌由朝廷颁发，军官升迁或去职后，按规定要交回原持符牌。除符牌外，各级军官还有印章。

元代十分重视军事后勤建设，对武器装备、军需物资和军事通信都有严格的规定。

元代设立军器监，专门管理冷兵器和火器的生产、贮存和发放。

元代对武器的管理有很严格的规定。除了由朝廷组织的武器生产外，任何人都不许私造兵器。汉人、南人不得私藏武器，弹弓、铁棒等都在禁用之列，违反者要治罪。

汉军和新附军人只有在作战或出戍时才许持有武器，使用之后就要交纳仓库，统一保管。蒙古军和探马赤军人则不受此限制。

为了解决军队的粮食供应问题，元代侍卫亲军各卫和地方的镇守军队都拨出部分士兵从事耕作。军屯按照军队组织系统进行管理，设立屯田万户府、千户所等机构，各级官员都是军官。

每年年底，朝廷要对军屯的耕田亩数、粮食收成和耕畜情况进行考核，奖优罚劣。被调充屯田军人的主要是新附军和汉军。

元代重视骑兵建设，对马匹的繁殖、管理和调拨，逐渐形成一套制度。此外，由朝廷设置、管理的牧场，主要分布在大都周围和漠北、漠南的草原上，牧养的马匹一部分供军事上使用，一部分则用来满足皇室的生活需要。

为了保证庞大的军事机器运转，只靠军户自备武器装备和提供封桩钱、调发军人屯田等是远远不够的。朝廷每年还要拿出大量钱钞，支付军官俸禄、怯薛岁币、赏赐军功以及战争费用。

为了保证军队的通信联络，元代朝廷建立了比较完善的站赤系统。驿站设置以大都为中心，通往全国各地。各站都备有马匹和粮食、肉食，以备来往的信使使用。此外，还有急递铺，用来往返递送紧急军情公文。

元代的军事法规，既保存了相当多的蒙古传统，又吸收了前代封建王朝的许多原则规定，形成一种混合的体制。军人的服役办法，军官的职责和奖惩，军队的纪律，以及军事法令的执行和监督，是军事法规的主要内容。

军官的考核标准是"治军有法，守镇无虞，甲仗完备，差

站赤 管理驿站的人，兼指站官及站户。成吉思汗时仿效中原驿传制度，在其境内设立驿站。窝阔台时，增设了从蒙古本土通往察合台和拔都封地，及从和林通往中原汉地的驿站，并颁布了乘驿的规定。元朝建立以后，全国遍设站赤，构成以大都为中心的稠密的交通网。

■八思巴文银字符牌

■元世祖忽必烈蜡像

役均平，军无逃窜"；军官不许擅自离职，违者治罪。军队纪律分为群众纪律和战场纪律，有很多具体规定，如不得随意牧放牲畜践踏农田，作战时临阵逃脱处死，同在一个作战单位的人也要受罚等。

军法的执行原来由军队自身负责。元世祖改革军政后，从朝廷至地方的监察机构对军官的不法行为也实行监督。士兵犯法，由所在军府核实情况后向上级机构申报处理意见，批准后方可实施处罚；如果事关民间百姓，还要与地方官府合审。

阅读链接

元代在全国设立了14个官马道，专职马政，所有水草丰美的地方都用来牧放马群。元代牧场广阔，西抵流沙，北际沙漠，东及辽海，凡属地气高寒，水甘草美，无非牧养之地。

当时，在大漠南北和西南地区优良牧场放牧的人，蓬帐而居，随水草畜牧。江南、腹里和辽东诸处也散满了牧场，早已打破了国马牧于北方，往年无饲于南者的界线。

元代众多牧场中丰美的水草有利于畜牧业的发展，也为善于骑战的元军提供了数以万计的优良战马。

明清时期军事制度

明太祖朱元璋建立明朝以后，大力强化封建专制朝廷集权，进一步加强了皇权对军权的控制，这是明代军事指挥系统的一个非常显著的特点。

清代达到了朝廷集权制度的顶峰，军队管理体系也日渐完备。清代在军队的训练制度、后勤供应、武官考核、军纪执行、军功奖赏及优抚政策方面，形成了完善的军政制度。

■ 明太祖朱元璋

■ 明代士兵练兵场

六部 从隋唐开始，中央行政机构中，吏、户、礼、兵、刑、工各部的总称。其职务在秦汉时本为九卿所分掌，魏晋以后，尚书分曹治事，曹渐变为部，隋唐始确定以六部为尚书省的组成部分。特指明清中央行政机构中直接对皇帝负责的吏部、户部、礼部、兵部、刑部及工部。

明初仿照宋元的枢密院制度，在朝廷设大都督府作为最高军事机构，节制内外诸军。

1380年，明太祖出于加强皇权的需要，下令改大都督府为中、左、右、前、后五军都督府，分领在京和在外各都司卫所。

同时，明朝又设立兵部，作为朝廷执政机构的六部之一。

五府只管军籍和军旅之事，而人事、调遣和政令发布之权则移交兵部，"凡武职、世官、流官、士官袭替、优养、优给"，各府移文兵部请选，"都司卫所首领听吏部选授"。

遇到战争，天子命将充总兵官，兵部签发"出兵之令"，调卫所军领之，"既旋则将上所佩印，官军各回卫所"。

这样，明代的军事就由五军都督府和兵部共同管辖，"兵部有出兵之令，而无统兵之权，五军有统兵之权，而无出兵之令。"两个机构"合之则呼吸相通，分之则犬牙相制"，便于皇帝的操纵和控制。

明代中后期，兵部尚书或侍郎有时可提督或协理京营戎政，直接掌握京营训练，五府官实际上变成了一种虚衔。

在地方，起初在各省府设立都卫，1375年改为都指挥使司。各都司设都指挥使一人，作为地方的最高军事长官，掌一方之军政，各率其卫所隶于五府，同时听命于兵部。

明初各省都指挥使与布政使、按察使并称"三司"，为封疆大吏"，而且品级、地位也比布、按官高，威权甚重。但在对内对外的战争中，朝廷照例派都督府官或公、侯、伯出为总兵官，事后还任。临时派遣的总兵官变为定设的官员，形成了镇戍制。

接着，在内地的军事要害地区也派总兵官镇守，独任一方之军务。都指挥使的地位因此日益下降，逐渐变成总兵官的下属。朝廷为加强对武臣的管理，又派文臣于各总兵官处整理文书，商榷机密，以至逐渐变为定设的官员。

巡抚往往加有提督军务或赞理军务、参赞军务的名义，总督更拥有总督文武、自总兵巡抚而下皆听其节制

■明代将领

■ 朱元璋与刘伯温塑像

盐引 又称"盐钞"。"引"是指有价证券,还可以作为"代币"流通。明代鼓励商人输运粮食到边塞换取盐引,给予贩盐专利的制度。又称开中。开中之制系沿袭宋、元制度,但明代多于边地开中,以充实边境军粮储备。到了清代,盐引的地位变得更加重要。

的大权,不仅地方的都、布、按三司归其管辖,连总兵官也必须听其指挥了。

明代针对卫所制订军卫法。一郡者设所,连郡者设卫。百户所下设两个总旗,每个总旗下设5个小旗,每个小旗有军士10人,大小联比以成军。全国的军队均按此制编入卫所,由百户、总旗、小旗等逐级率领。

明代的军饷,依靠"屯粮""盐引""民运"和"京运"4个途径来解决。

屯粮指由军屯士卒交纳的税粮;盐引指用盐引换取的商屯粮;民运指从民田上征收的税粮;京运指由户部太仓库拨付的存银。明代前期的军饷,基本上由屯粮和盐引解决。

明代建立后,明朝廷曾大规模推行军屯和商屯。开国之后,明太祖即"令军士屯田自食",要求卫所军卒,一部分负责戍守,一部分从事屯垦。具体的戍守比例,开始没有统一的规制。

明初各都司卫所屯田数额高达90万顷。内地军屯"实收子粒,足以充军食之半"。屯粮不足的部分,由民运支付。

边地卫所,屯田军卒比例较少,屯粮缺欠较多,如由民运支付,路途遥远,运费很高,于是明朝廷又大力提倡商屯。

商屯就是朝廷利用对食盐的专卖权，招诱商人到边境地区出资募民屯田，把收获的粮食交给当地朝廷充作军饷，然后向朝廷领取盐引，到指定盐场支取食盐，贩卖获利。这就叫做"开中法"。

1371年定中盐则例，规定商人按道里远近，交纳三五石不等的粮食，可向朝廷换取100千克盐引。由于商屯的发展，明朝廷便可坐得资粮，以佐军用。

后来由于商品经济的发展，加上其他原因，屯田逐渐遭到破坏。

清代最高军权由皇帝掌握，皇帝年幼未亲政前，暂由摄政王代理。协助皇帝执掌军政机要的机构，雍正前是议政王大臣会议，后来是军机处。兵部名为朝廷军事领导机构，实权不大。

军机处成立于1730年。自成立后，取代了议政王大臣会议的地位和作用，进一步削弱了内阁的职权。直至1911年4月实行责任内阁制时，执政长达180年之久的军机处才被废止。

兵部成立于天1631年，入关后为管理全国绿营兵籍和武职官员的

■ 明代将军凯旋场景

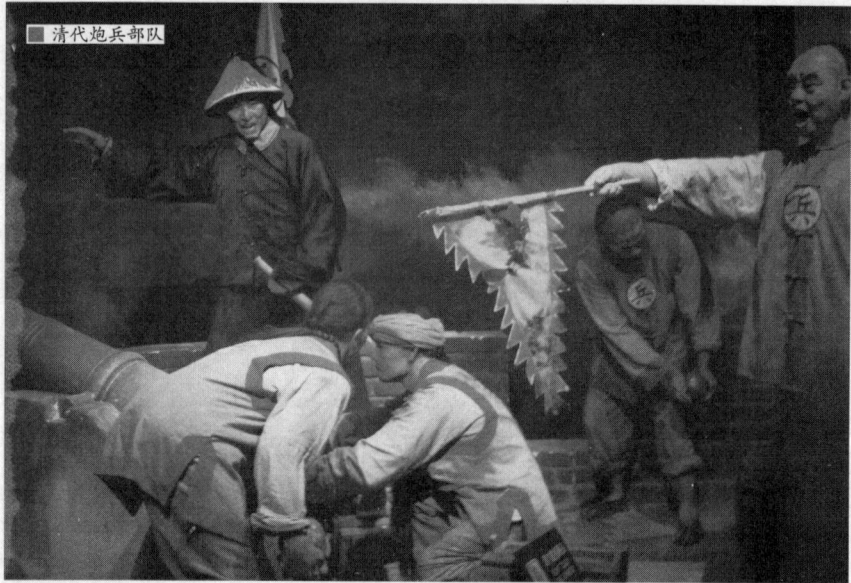
■清代炮兵部队

机构。八旗则主要由八旗都统衙门管理。军机要务由议政王大臣会议和军机处负责。后来改为陆军部。

清军平时的训练因时因地而异。清太宗天聪年间亲率八旗演习行阵，是为清代皇帝举行大阅之始。后来皇帝每年亲巡塞外校猎行围，3年举行一次大阅典礼，在京师南苑、玉泉山、王家岭等地检阅京营八旗。

京营训练各有定制。如正黄、镶黄、正白三旗亲军，每月分期轮流训练骑射两次，步射4次。

八旗骁骑营每月习射6次。春秋两季还披甲练步射和骑射。春月分操两次，合操一次，秋月合操两次，仲春孟秋还要登城操习鸣螺。汉军每月练习鸟枪外，春秋月，每旗出炮手10位，在卢沟桥试炮五日。春秋两季，四旗合操4次，八旗合操两次，初冬，各旗演习步围。

绿营训练方法是沿自明代的旧法，以所谓连环法阵势为主。

其法是，每年秋季霜降日，绿营将弁率兵入教场，设军幕。中军竖起大旗于场朝廷，士卒披甲列阵肃立，统兵大臣传令合操，中军便扬令旗指挥，发炮3响，鸣角击鼓，步兵骑兵列队行阵，施放火枪，连环无间。

同时也表演长矛、短刀、藤牌等武艺。平时也有小操、大操、合操、试炮、巡察、步围、步行等制度。

分散驻防应差的绿营平时训练最少，巡抚标兵也如此，只得抽空训练。绿营鸟枪兵照八旗火器营进步连环之法操练，统兵官习射，习枪以迅速命中目标为度。

清代通过户部、兵部、工部的分工合作来解决军队的后勤供应。至于清军官兵及其家属的生活，主要靠其俸饷和旗地来维持，总的说来八旗待遇比绿营优越得多。

比如前锋、亲军、护军、领催、弓匠长月给银4

■ 清代士兵

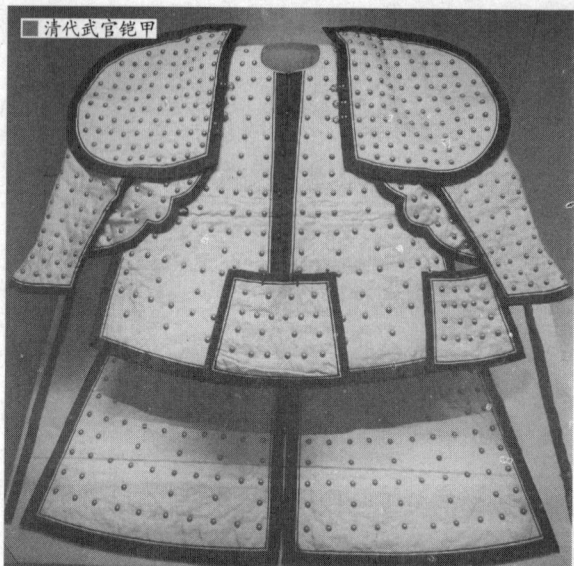
■清代武官铠甲

兵器阵法

历代军事与兵器阵法

两，骁骑、铜匠、弓匠月给银3两，皆岁支米48斛；步军领催月给银2两，步军1.5两，皆岁支米24斛；炮手月给银2两，皆岁支米36斛；由觉罗补前锋、亲军、护军者，月加银一两。

再如绿旗兵饷之制，京师巡捕三营，马兵月给银二两，步兵一两，皆月给米5斗；各省镇标马兵月饷银3两，步兵1.5两，守兵一两，皆月支米3斗。

清代对武官的考核5年举行一次，称军政。考核的目的在于整饬纲纪，黜陟将弁。凡遇军政之年，武职官员都要进行全面系统的考核，开列四栏，填注考语。

武官必须注有行止端方、弓马娴熟、管辖严肃、当差谨慎、不扰下属、给饷无虚等考语。军政考核后，提督、总兵贤者优叙，劣者罢黜，一切由皇帝决定。

清代的武官回避制度，是清朝廷为了防止官吏利用亲族、同乡、师生等关系，结党营私，破坏法纪的一项重要制度，在维护朝廷集权方面，曾发挥过积极的作用。

清代八旗兵和绿营兵的军纪，大致可以分为扎营、行军、战场三大类。

清兵扎营纪律规定：兵丁在营内乱走，高声说话，白天犯者，八旗兵鞭50下，绿营兵棍责40下；夜间犯者，若引起乱营，立即斩首。

看守营门时，无故私放外人进入营地者，八旗兵鞭70下，绿营兵棍责60下。

兵丁在营，敢在该管官面前妄行，或动作骄慢无礼者，罚以插箭游营，以示警示。

清兵行军纪律规定：兵行各按队伍依次而前，无论道路平坦窄狭，后队不得越过前队，违者，八旗兵鞭50下，绿营兵棍责40下，仍插箭游营。官兵沿途欺压民番，恃强买卖，掠财物，毁民房、淫污妇女者斩。

兵行遇有草地方，当陆续行走，如有不顾队伍混行，致践踏草者，八旗兵鞭100下，绿营兵棍责80下。

清兵战场纪律规定：战阵之际不遵号令者；归阵时回顾畏缩交头接额私语者；泄漏军机、私改密件者；将军、参赞大臣、领兵提督、总兵等官密议军情时私行窃听者；探信不实，贻误军机者；官兵杀良冒功者，以上所列当斩。

乾隆时又特定将帅军纪3条：统兵将帅苟图安逸，故意迁延，不将

制
胜
保
障

历代军制

■清代骑兵塑像

清代军事官员

实在情形具奏，贻误军机者；将帅因私忿妒忌推诿牵制，以致徒劳兵力、空费军饷，贻误军机者；身为主帅，不能克敌，转布流言，蛊惑人心，倾陷他人，贻误军机者，以上所列拟斩立决。

清军将帅战功卓著者，由兵部复议奏请随时酌定。其他有功官兵，由统兵将帅造册报兵部后，兵部核实功绩，进行军功奖赏。

清朝廷视八旗为国家根本所在，实行一系列优抚政策，如增加兵额、恩赐饷米，官给马匹、器械，赎回旗地，免其借贷，赏给婚丧银两，天灾或大典皆赐银米，年老告退之官优给俸禄等。对绿营兵也有优抚，但同是优抚，八旗比绿营的待遇优厚。

阅读链接

努尔哈赤军纪之严明，到了近乎残酷的地步。

《满文老档》记载：1618年攻打抚顺时，一个叫阿奇的士兵，抢了一只老百姓的鸡烧着吃，另有4个士兵跟着吃开了。被发现后，5个人都被处以死刑。

努尔哈赤率军战斗时，令每个兵士乘一匹马，还要再带上一匹马，一起向敌阵发起冲击。军中设有督战官，努尔哈赤手持红箭，在后面督战，发现有谁违背军令，就用红箭头射之，战斗结束，凡身中红箭者，一律严惩。

历代兵器

我国古代的兵器经历了一个漫长的发展变化过程。从最初的石兵器，到夏代的青铜兵器、战国末期的铁兵器，再到北宋的火器，其发展进程是一脉相承又各具特色的。

特别是冷兵器时代的火攻战术，促使古代炼丹家们发明的火药很快应用于军事，并发展成为北宋的火器。南宋的火枪发展为元代的铜火铳，铜火铳又很快发展为明初的大铁炮，使我国古代兵器形成鲜明独特的风格。

我国古代兵器的成就，对世界兵器的发展做出了贡献，特别是火药和火器的发明，促使世界军事技术发生了一次革命，为近代枪、炮的发展开辟了道路。

夏商周时期青铜兵器

夏代是我国青铜时代的开始，但这一时期青铜兵器的数量不多，主要仍使用石、骨、木制等原始的兵器。

商周时期，由于战争的需要，人们对兵器的数量和质量都提出了新的要求，为了更好地保护自身，还用青铜制造了各种防护装备。

这一时期青铜兵器的出现，不仅是我国古代军事技术上的重要成就，也反映了我国古代青铜冶炼业的辉煌。

■ 夏代青铜兵器

兵器的水平是与生产技术，尤其是手工业生产技术水平相适应的。大量的考古材料说明，在我国的夏王朝统辖的黄河流域，农业生产工具在制作上比以前有了较大改进，出现了石镰、蚌锄、蚌镰等。

先进生产工具的广泛使用，不仅使农业生产有了很大进步，同时促进了其他行业的形成。在这之中，夏代的青铜冶炼和青铜器的制作达到了一定的水平，使得当时的兵器也有了新的发展。

从二里头遗址出土的情况看，夏代的兵器的种类，除原始社会末期就已出现的刀、匕首、矛头、锥、戈、镞、斧、铲、棒等型制外，还出现了护身的甲和用于作战的兵车。其中箭头的数量明显增多，质料和制作技术有了新的发展。

夏代的箭镞不仅有石质、骨质和蚌壳质的，而且还有铜质的。在制作上也极精到，有的镞身断面呈三角形，脊和两翼刻有血槽，铜镞和制作精良的骨、蚌镞使得弓箭的威力大大提高。

弓箭杀伤力的增强，必然促进防护具的产生和发展。这就是甲的出现。相传甲是夏代第七位夏后杼发明的，主要用于防护前胸后背和手臂。

杼是夏王姒少康的儿子，他在协助父亲攻灭东夷首领后羿、寒浞势力时，由于东夷人擅长射箭，弓箭十分厉害，杼的军队被善于射箭的东夷人的用弓箭抵挡，遭受损失，无法前进。

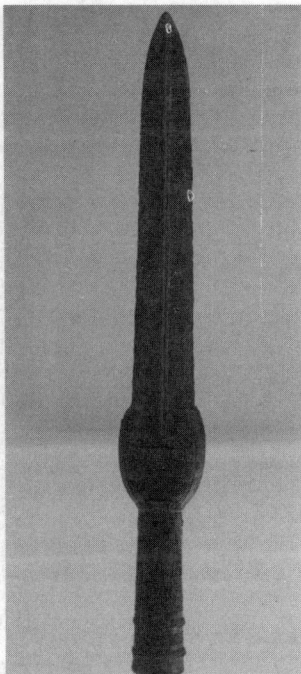

■ 夏代青铜矛

二里头遗址 位于河南偃师市翟镇镇二里头村。考古发掘和研究情况表明，这里是公元前2000年前半叶我国乃至东亚地区最大的聚落，拥有目前所知我国最早的宫殿建筑群、青铜礼器群及青铜冶铸作坊，是迄今为止可确认的我国最早的王国都城遗址。

■ 殷墟出土的战车

退回国都后，杼发明用兽皮制作甲，兵士穿上后，不畏弓箭，能格挡敌人的刀砍箭射，战斗力大大增强，东夷人弓箭优势不复存在。身穿铠甲的夏人终于灭绝了东夷。

车作为一种作战用具，在原始社会就已出现，夏代车已被用于作战。

关于当时战车的型制，史籍却没有详载，据《管子·形势篇》记载："奚仲之为车器也，方、圆、曲、直皆中规矩钩绳，故相旋相得，用之牢利，成器坚固。"

说明夏禹时制车技术已很高超，至夏代战车的制作技术又高于夏禹之时，更加牢靠坚固，因此广泛用于作战。

兵车作为一种新的武器装备，使兵制和作战技术发生了新的变化，即出现了新的兵种车兵，以及因兵车作战的特殊性而产生的车兵战术。

就总体而言，毕竟夏代的社会生产力还比较低，当时用于装备军队的兵器仍以弓箭和木石制作的兵器为主，即仍处于石兵器占统治地位的时代。甲和兵车虽已出现，但其数量是很有限的。

商周时期，军队与战争规模扩大，对兵器的数量和质量提出了新的要求，为避免遭到更大杀伤，还开始用青铜制造各种防护装备。与此同时，商周青铜冶铸技术的发明和发展，也为制造青铜兵器和青铜防护装备创造了条件。

商周时期的兵器，按用途可分为远射兵器、格斗兵器、护体兵器3类。年代最早的青铜兵器出土于河南偃师二里头遗址，为早商遗物，有远射兵器中的箭镞和格斗兵器的戈等。后随实战需要，又产生出不同的进攻性兵器。

商周时期兵器的种类大体有镞、戈、矛、戟、殳、钺、剑等。

镞为远射兵器。商周时已使用了复合弓，并在矢上安装铜镞。商代的铜镞以扁平的凸脊双翼镞为基本形态两翼侧刃前聚成锋向后形成倒刺。

西周时仍使用双翼镞但镞锋夹角增大倒刺更加尖锐。东周时开始出现锥体三棱形镞，3条侧刃前聚成锋，提高了穿透力。以后又把镞铤改为铁质，这种铁铤铜镞在战国晚期的遗址中常有出土。

戈是商周时的主要格斗兵器，在有锋刃的"援"后接安的

■ 商代青铜戈

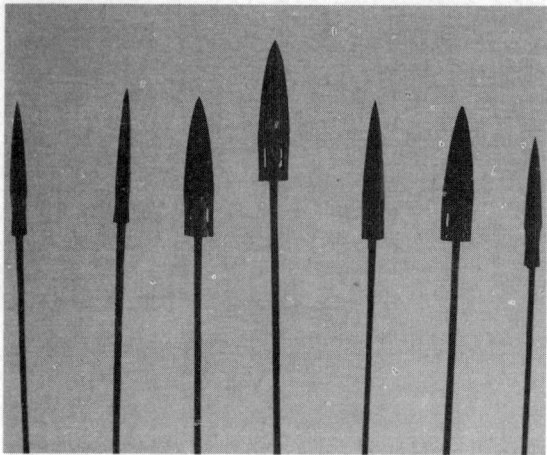

■ 箭镞

兵器阵法

历代军事与兵器阵法

妇好 商王武丁的妻子，我国历史上能从甲骨文上可查的第一位女性军事统帅，同时也是一位杰出的女政治家。她不仅能够率领军队东征西讨为武丁拓展疆土，而且还主持着武丁朝的各种祭祀活动。因此武丁十分喜欢她，她去世后武丁悲痛不已，追谥曰"辛"，商朝的后人们尊称她为"母辛""后母辛"。妇好墓于1976年于河南安阳殷墟发现。

"内"，就是柄，垂直装，用于横击、钩杀和啄击。商代的戈有曲内、銎内、直内等式。西周末到春秋时，戈制作工艺上有所改进。

商周戈的长短，与使用的不同有关，一般说来，战车上用的戈较长，步战用的戈较短。

矛是格斗用的长柄刺兵器。商代铜矛一般有中脊，向左右扩展，成带侧刃的扁体矛叶，然后前聚成锋，矛直通中脊，有的叶下侧设穿有的左右两侧设环以缚扎固矜。

西周以后，矛加长，矛叶变窄，通体呈叶状。至东周末年也与镞同样，出现锥体状的矛，由棱线上伸出的侧刃前聚成锋。

戟是戈和矛相结合而创制的格斗兵器。以戈为体、矛为刺，兼有横击钩啄和扎刺的性能。最早尝试将矛和戈用联装成一件兵器的例子，见于河北藁城台西的商墓中。

西周时期出现了刺体合铸的戟，少数以銎纳銎，多数采用长胡多穿的形式缚。东周时期刺体合铸的戟消失，普遍使用矛状戟刺和戈状戟体联装的青铜戟。

殳出现在春秋晚期，是一种棒状格斗兵器。在南方江淮流域的楚、蔡等国，在3米多长的八棱形积竹柄顶端，装有一个青铜殳头，殳头刃部一般呈三棱矛状、锋利异常，可以刺杀，也可以砸击。

一些殳在柄上的中前段还套装有第二个带刺的铜箍，是一种很有威力的车战兵器。殳的金属首多为青铜制，可分有尖锋的实战用"锐殳"和无尖锋的仪仗用"晋殳"两类。

殳主要用于车战，在两军车马交错冲撞时使其分开，故有棱而无刃。钺是用于劈砍的格斗兵器。为弧曲阔刃、两角上翘的斧形。

商周时期多作为统帅权威的象征，如殷墟的妇好墓中出土两件铜钺，一件刃宽达0.37米，重达8500克；另一件刃宽0.38米，重9000克。器身均铸有"妇好"铭文，应是权威的象征。但也可用于刑杀。

剑以前刺为主，也可用侧刃劈砍的卫体和格斗兵器。西周时的铜剑很短，不过二三十厘米，仅能充护体兵器之用。

东周时期的铜剑有较大发展。它们制作精良，长度超过0.5米，剑身修长，有中脊，两侧出刃，刃作两度弧曲状，顶端收聚成尖锋。

最著名的是湖北江陵楚墓出土的越王勾践剑，是东周名剑中的精品。

越王勾践剑通高0.55

■ 妇好墓出土的青铜钺

■ 勾践剑

米，宽0.046米，柄长0.084米，重875克。剑上用鸟篆铭文刻了8个字，"越王勾践，自作用剑"。专家通过对剑身8个鸟篆铭文的解读，证明此剑就是传说中的越王勾践剑。

鸟篆 篆书的一种，笔画由鸟形替代，不仅装饰风格独特，更有深刻的象征意义。以飞鸟入书表达了我国古人所推崇的一种为人之道，候鸟守冬去春来之信，"信"是鸟篆的意义所在。鸟不仅代表守信的人格，也是信息传递迅速的象征。

商周青铜兵器除上述几种外，还有用于防护的铜胄，用于鼓舞阵势的铜铙等。它们同样制作工艺精湛，并在实战中发挥了重要作用。

这一时期绚烂夺目的青铜兵器，不仅是我国古代军事技术的成就，也昭示着商周青铜冶铸业的辉煌，是我国古代文明的物质见证。

104
兵器阵法
历代军事与兵器阵法

阅读链接

欧冶子是春秋战国时期越国人，是我国古代铸剑的鼻祖。

他曾为越王勾践铸五剑，名湛卢、纯钧、胜邪、鱼肠、巨阙。这一系列赫赫青铜名剑，冠绝华夏，在当时称雄称霸的实战中显示了无穷威力与震撼人心的艺术魅力。

剑在春秋以后的战争中，逐渐从作为实战的短兵器过渡为军官的一种佩饰，剑的铸造也从注重其实战功能转变为注重其外观造型。欧冶子铸就的系列"越王剑"，成了我国古代特定历史时期短兵器制造的杰出代表。

汉代兴起的铁制兵器

汉代的炼铁技术已经十分成熟，汉代的铁兵器已经在性能上压倒了铜兵器。当时青铜的性能已经发展到了极限，而铁器的潜力却深不可测。

秦统一后，军队的武器装备逐渐由原来的青铜兵器过渡到性能更加好的铁器，但这一过程到汉代才完成。

随着汉代冶铁技术和锻钢工艺的进步，至西汉末期，铁制兵器已逐渐盛行，青铜兵器开始退出战争舞台，冷兵器进入鼎盛时期。

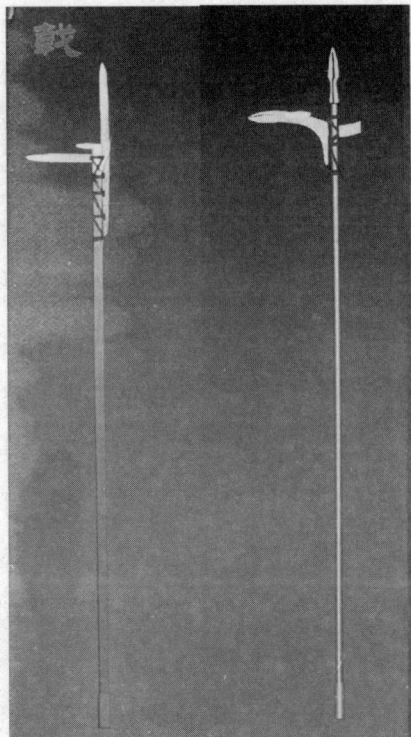

■汉代兵器戟

■ 汉代兵器——镞

我国是世界上最早发现和使用铁的国家之一。相传商代中期，华北地区有一位兵器制造师，无意中发现了几块十分坚硬的陨铁。他在铸造铜钺时将陨铁熔化，制成了一把铁铜钺。

偶尔得到的陨铁难以满足大量制作兵器的需要，而自然界中所有的铁都是以化合物存在的，必须经过冶炼。因此，古人进行了大胆探索和实践，冶炼技术在汉代取得了突破性进展。

汉代新的冶铁技术使铁兵器的质量和形制及种类也不断发展、完善，其形状逐渐趋于统一和定型。比如，汉代的格斗兵器有铍、戟、矛、刀、剑等，远射兵器有弩和弓等，防护装备有铠甲和盾牌等。汉代铁剑的制作最能代表当时的铁兵器制作水平。

汉代制作铁剑的基本工艺是锻打，这与青铜剑采用铸造的工艺完全不同。锻打不仅是起加工成型的作用，而且反复锻打能使组织致密，成分均匀，夹杂物减少并细化，因而提高钢铁的质量。

汉代的锻打技术一般采用以下几种方法：

一是以块炼铁直接锻制。汉代由人工冶炼获得的铁料是块炼铁，它是在较低的冶炼温度下，由铁矿石固态还原获得的铁块，含有大量脉石渣子，需通过

弩 我国古代的一种冷兵器，兵车战法中的重要组成部分，也是步兵有效克制骑兵的一种武器。弩也被称作"窝弓""十字弓"。它是一种装有臂的弓，主要由弩臂、弩弓、弓弦和弩机等部分组成。虽然弩的装填时间比弓长很多，但是它比弓的射程更远，杀伤力更强，命中率更高，对使用者的要求也比较低，是古代一种大威力的远距离杀伤武器。

锻打挤出。而在锻打之前，疏松多孔，因此又被称为"海绵铁"。

二是以块炼铁渗碳锻制。这一方法在春秋时期已被采取。西汉时期，制剑主要沿用这种方法。

刘胜墓出土的一件长剑和一件短剑，经检测都是以"块炼铁渗碳"后折叠锻打而成，所用原料和渗碳方法与燕下都钢剑相同。但钢的质量有很大提高，表现为非金属夹杂物减少，细化，断面上高碳和低碳的层次增多。

而每层的厚度减小，碳含量的差别减小，组织比较均匀，主要原因是增加了加热折叠锻打的次数。最后，两剑的刃部都进行了淬火。

三是以炒钢或熟铁锻制。西汉后期，出现了用生铁炼钢的"炒钢"技术。它是把生铁加热到熔化或基本熔化状态，在熔池中加以搅拌，借助于空气中的氧把生铁所含的碳氧化掉，从而成为钢或熟铁。

前者是有控制地把生铁炒炼到需要的含碳量，也就是钢；后者是不加控制地一炒到底，含碳量极低。用生产效率很高的生铁作为制钢的材料，这是炼钢史上的一次革命。

炒钢产品的成分均匀，夹杂物一般比较细小，分布也比较均匀，质量优于块炼渗碳钢。而且，当时生铁冶炼已达到较高水平，炒钢

块炼铁 铁矿石在较低温度的固体状态下用木炭还原而得到的含有较多夹杂物的铁。这种铁为海绵状固体，杂质较多，含碳量低，质软，只能锻，不能铸。经加热锻打，挤出夹杂物，改善机械性能而制成的铁器称为块炼铁锻件。

陨铁 就是坠星的另一种，是来自地球之外的"客人"。含石量大的陨星称为陨石，含铁量大的陨星称为陨铁。早期人类冶炼技术不发达，无法从铁矿石冶炼得到铁，而地球自然界几乎没有单质铁的存在，所以陨铁一度是铁的唯一来源。

■ 汉代兵器——戈

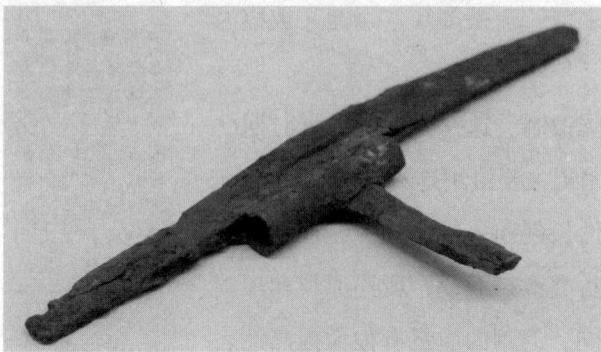
■ 汉代铁戟

以丰富的生铁为原料，产量和效率都较高，能够满足社会的广泛需要。

于是，熟铁或炒钢便成为制剑的新材料，或以熟铁为原料，经过渗碳叠打钢剑，或以炒钢为原料，反复加热，折叠锻打，最后制作成剑。

以炒钢产品制作刀剑在东汉时期已经普及。

1978年在江苏省徐州铜山东汉墓出土一件铁剑，经检测，是用含碳量较高的炒钢为原料经多次加热叠打制成。

1974年在山东苍山东汉墓出土一把一环首长刀，经检测分析，也是用炒钢为原料反复折叠锻打而成。

四是以铸铁脱碳钢锻制。铸铁脱碳是我国古代独有的一种生铁炼钢的方法，它是将白口生铁铸件在固态就进行脱碳退火，从而获得至高碳钢、中碳钢和低碳钢。

这种方法的特点是通过掌握时间来有控制地脱碳，由于生铁中多余的碳被氧化成气体跑掉了，从而成为全钢组织。而且基本不析出石墨或只析出很少的石墨。

铸铁脱碳钢保留了生铁夹杂物少的优点，组织均匀，质地纯将。目前所知最早的铸铁脱碳钢件是刘胜墓了土的6件铁镞。刘胜去世于公元前113年，可知这

兵器阵法

历代军事与兵器阵法

镞 安装在箭杆前端的锋刃部分。镞之横截面作三角形，狭刃，十分锋利。其中青铜镞属最早出现的青铜兵器之一，其形制较多，主要有双翼、三翼与三棱三类，随时代的发展而有所变化。战国时期，远射的三棱矢镞已改成铁铤。

高碳钢 把生铁加热到液态或半液态，利用鼓风或掺入精矿粉等方法，令硅、锰、碳氧化，把含碳量降低到钢和熟铁的成分范围。迄今世界上年代最早的炒钢冶金技术，在我国西汉早期就已发明和广泛应用了。

种炼钢方法最迟在公元前2世纪末叶已经出现。

汉代的铸铁脱碳钢器物是用两种方法制成的。一种是以生铁铸造成坯，然后脱碳成钢，再予简单加工，如加热弯折，对刃部进行局部渗碳、锻打等。

这种方法广泛用于制造生产工具和生活用具，如河南渑池出土了汉魏窖藏铁器中的钢斧等。

另一种方法是将生铁铸造成薄板状，然后脱碳得到成形式形钢材，将钢材经过反复加热锻打，器物。刀剑等兵器，皆如此制作。

过去在郑州古荥镇、南阳瓦房庄、鲁山望城岗等汉代冶铁遗址中曾出土地大量形铸铁板，就都是已经脱碳的钢材。目前也发现了用铸铁脱碳钢锻造成的刀剑，如北京大葆台西汉墓中出土的一把环首铁刀，河南省巩县铁生沟汉代冶铁遗址中出土的一把铁剑。

以上所述，为汉代铁剑的一般制作技术。两汉时期，一些优质刀剑的制作还采用了几项先进的工艺。

一是局部淬火工艺。钢剑淬火工艺出现于战国时

刘胜（前165年—前113年），我国西汉时期诸侯王，为第一代中山王，谥号为"靖"，史称"中山靖王"。刘胜是三国时期蜀汉皇帝刘备的第十三世先祖。1968年在对其及王后窦绾墓的发掘工作中，出土大量珍贵文物，包括举世闻名的"金缕玉衣"。

■汉代铁剑

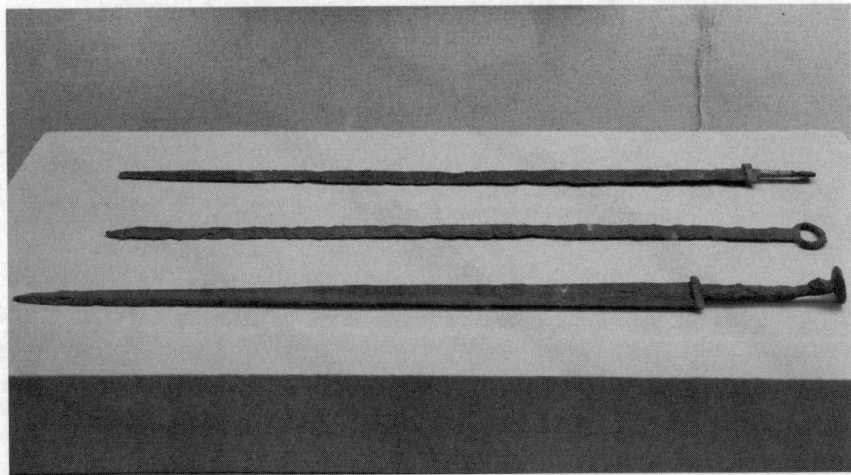

淬火 将金属工件加热到某一适当温度并保持一段时间，随即浸入淬冷介质中快速冷却的金属热处理工艺。常用的淬冷介质有盐水、水、矿物油、空气等。淬火可以提高金属工件的硬度及耐磨性，因而广泛用于各种工、模、量具及要求表面耐磨的零件。这说明我国古代的冶炼技术已经达到一个新的水平。

■汉代铁制兵器

期。经检测，燕下都遗址出土的战国末年钢剑，被验证曾经加热至900度以上进行淬火，这是已知我国古代最早的淬火钢器。

西汉时又有发展，产生了只将刀剑刃部进行淬火的新工艺。由于刃部经过淬火，因而具有很高的硬度，极其锋利。而刀剑的脊部因未经淬火，硬度较低，保持了较好的韧性，不易断折。

二是表面渗碳工艺。满城刘胜墓出土的错金书刀，经检测是经块炼铁为原料，经渗碳、叠打制成的低碳钢件。它在锻打成型并经磨制以后，又进行了表面渗碳，从而使刀的表层组织含碳较高，更加坚硬。

同墓所出一把钢剑经检测也经过表面渗碳，表层碳含量在0.6%以上，高于心部高碳层0.5%至0.6%的含碳量。

三是百炼钢工艺。1974年山东省苍山出土的东汉钢刀，1978年江苏省徐州铜山出土的东汉钢剑，都是以炒钢为原料，经过反复加热折叠锻打而成。

而刀剑上的铭文，据说不是简单的层数概念，而应是代表了一定的工艺质量和标准。可见，刀剑加热叠锻工艺在那时已经发展到了一个新的水平。

除了上述冶铁工艺外，两汉时期，以鉴别剑刀优劣为务的相剑术也流行起来。而随铁剑取代铜剑，相剑术的内容也由早期的相铜剑转而为相铁剑。这也从另一个角度证明了汉代冶炼技术已经提升到了理论层次。

正是由于汉代高超的冶铁技术，才使这些铁兵器在世界上堪称一绝，几乎将兵器制造技术上升到了艺术的境界。

阅读链接

《韩非子·说林上》也记载一则与相剑有关的故事：

曾从子是一位善相剑之人，客游卫国。

卫君怨吴王，曾从子就说："吴王好剑，我是相剑者，请大王让我去为吴王相剑，乘机将他刺死。"

卫君却说："你这样做并非缘于义，而是为了利。吴国富强，卫国贫弱，你如果真去了，恐怕反会为吴王用之于我。"于是卫君就将曾从子逐走了。

这个故事说明，春秋晚期已有相剑术。因为古代铜剑正是在这个时期趋于成熟兴盛，并在实践中得到了广泛应用。

明代高度发展的火器

我国古代对火器的研究相当出色，很早就开始了用火药来制造作战武器，比如利用火药进行燃烧、爆炸或发射弹丸等。这就是火药兵器，简称"火器"。

在我国，火器的使用从北宋时期就已经开始了，到了明代，我国传统火器的发展就达到了最高峰。在这近7个世纪的期间里，随着火药性能的提高和火器技术的不断进步，威力更大的火器就不断地问世，充分显示了我国古代劳动人民的智慧，同时也对世界武器的发展产生了深远的影响。

■ 明代火铳

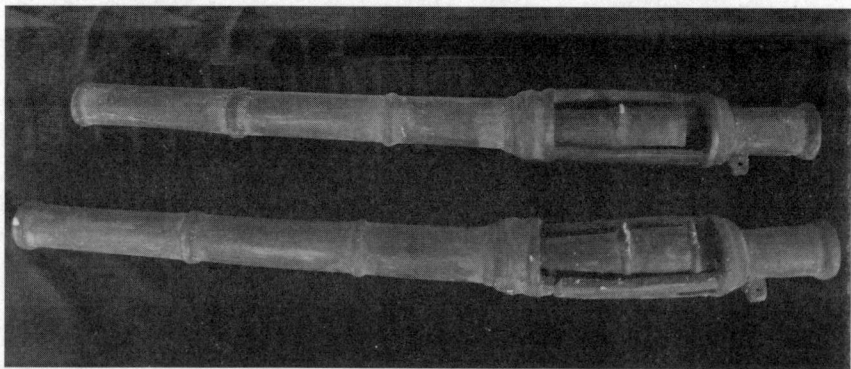
■ 明代火铳

火器源于火药，火药是人类掌握的第一种爆炸物。火药起源于古代的炼丹术，它的发明首先要归功于我国古代的炼丹家们。"火"与"药"本不相干，是古代的炼丹家们对"长生不老"的追求，最终孕育了火药的诞生。火药是我国古代四大发明之一，是中华民族对世界文明的重要贡献。

自从火药诞生以后，人们就开始逐渐把它应用于武器制造中。比如唐末宋初发明的火药箭是我国火药应用于武器的早期形式。

北宋初年的《武经总要》记载有北宋士兵出身的军官唐福，制造出火箭、火球、火蒺藜这三种火器的火药配方。这是世界历史上最早冠以火药名称并直接应用于实战的武器。

北宋时，还有专门机构管理火药生产。宋敏求《东京记》记载的汴京的"火药作"，就是火药制造工场。

由于战争频繁，火药技术不断改进，火药兵器得到了进一步发展。宋金战争中出现了铁火炮等爆炸性火器和火筒等管形火器。

克敌利器

历代兵器

四大发明 我国古代的四种发明，一般是指造纸术、指南针、火药、活字印刷术。这四种发明对我国古代的政治、经济、文化的发展产生了巨大的推动作用，对世界文明发展史也产生了很大的影响。

炼丹术 古代道家或道教徒等以金石类矿物为原料，采用化学方法炼制成自以为令人长生不老而实际上有毒"丹"药的技术与方法。炼丹术是古代炼制丹药的一种传统技术，是近代化学的先驱。

1126年金人攻打宋都，夜发"霹雳炮"，而宋代守将李纲也以炮对炮，使用一种名为"震天雷"的铁皮火炮。有人曾这样说："人类第一批炸药的试验场，就是宋金交战的中原大地。"

宋代初期虽已掌握了火药的生产技术，生产了性质不同的火药兵器，但仍属火器制造的初级阶段。至明代，才出现了我国传统火器发展的最高峰。明代火器不仅种类多，而且质量不断提高。

元末明初，明太祖朱元璋在重新统一全国的战争中，较多地使用了火铳作战，不但用于陆战攻坚，也用于水战之中。通过实战应用，对火铳的结构和性能有了新的认识和改进，至开国之初，铜火铳的制造达到了鼎盛时期，结构更趋合理，形成了比较规范的形制，数量也大大提高。

从北京、河北、内蒙古、山西等地出土的洪武年间制造的铜火铳看，明代火器大致是前有细长的直体铳管，管口沿外加一道口箍，后接椭圆球状火药室。

药室后面为铳尾，它的后面有安柄的銎孔，銎孔

■ 元代铜火铳

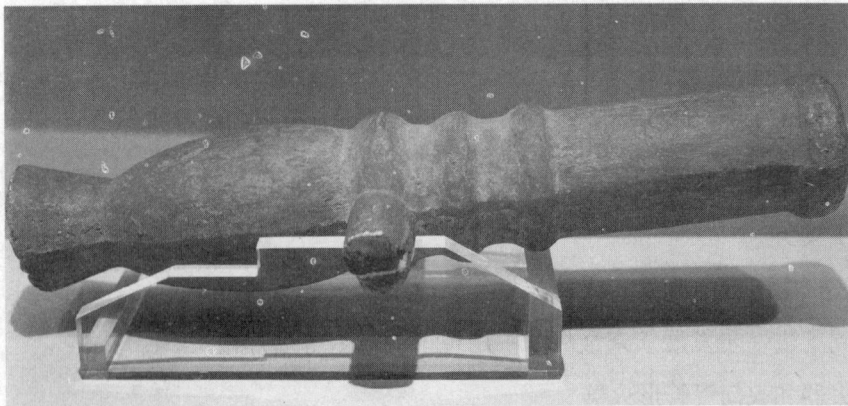

外口较粗，内底较细，銎口沿外也加了一道口箍。另在药室前侧加两道口箍，后一道加固箍。

河北省赤城县发现的1372年造的火铳，铳身长0.44米，口径0.02米。铳身刻铭文"骁骑右卫，胜字肆佰壹号长铳，简重贰斤拾贰两。洪武五年八月吉日宝源造。"

将它与内蒙古托克托县黑城古遗址发现的3件有洪武纪年铭的火铳相比，可以看出它们的外形、结构和尺寸都大致相同。

托克托古城遗址出土的一号铳为1379年造，全长四0.44米，口内径0.02米，为袁州卫军器局造；二号铳为1377年造，长0.44米，口内径0.02米，凤阳行府造；三号铳长0.43米，口内径0.02米，也是1377年凤阳行府造。

以上4件洪武火铳铸造地点虽不在一处，但形制、结构基本相同，说明当时各地铜铳的制造已相当规范化。

明洪武年间还有一类口径、体积都较大的火铳，也称"碗口

■明永乐七年铜火铳

铳"。现藏于北京军事博物馆的一件碗口铳，为1372年铸造，全长0.36米，口径0.01米，铳身铭文"水军左卫，进字四十二号，大碗口筒，重二十六斤，洪武五年十二月吉日，宝源局造。"这件火器碗口呈弧曲状，铳管较粗，药室很大。

山东地区发现的洪武年铸造的同类火铳，形状相同，唯口径更大，接近0.15米。口径增大，铳筒加粗而且药室加大，使明代的大碗口铳较以前同类铳装药量更大，装弹量和射程也相应增大，因此威力也更强了。

1368年，火铳由各卫所制造，如上述数件火铳，就包括袁州卫军器局造和凤阳行府造等。至明成祖朱棣称帝后，为加强朝廷集权和对武备的控制，将火铳重新改由朝廷统一监制。

明成祖时期的火铳制造数量和品种都较洪武时有了更大的增长，并提高了质量，改进了结构，使之更利于实战。

从1368年开始，整个明朝的军队普遍装备和使用各式火铳。据史书记载，1380年规定，在各地卫所驻军中，按编制总数的10%来装备火铳。

1393年规定，在水军每艘海运船上装备碗口铳4门、火枪20支、火攻箭和神机箭20支。明成祖时，更创立了专习枪炮的神机营，成为我国最早专用火器的新兵种。

明代各地的城关和要隘，也逐步配备了火铳。1387年，在云南的金齿、楚雄、品甸和澜沧江中道驻军，也配备了火铳加强守备。

1412年和1422年，明成祖令北京北部的开平、宣府、大同等处城池要塞架设炮架，备以火铳。至嘉靖年间，北方长城沿线要隘，几乎全部构筑了安置盏口铳和碗口铳的防御设施。

火铳的大量使用，标志着明代火器的威力已发展到一个较高的水平。但是，火铳也还存在着装填费时，发射速度慢，射击不准确等明显的缺陷，因此只能部分取代冷兵器。而在明代军队的全部装备中，冷兵器仍占有重要的地位。

16世纪初，西方先进的火器制造技术开始传入我国，进一步推动了明代火器的发展。尤以佛郎机、红夷炮、鸟铳等影响最大。

"佛郎机"本是明代对葡萄牙、西班牙等国人的

神机营 明代京城禁卫军中三大营之一，是明代军队中专门掌管火器的特殊部队，也是我国和世界上最早建立的火器部队。神机营担负着"内卫京师，外备征战"的重任，主管操练火器及随驾护卫马队官兵，它是朝廷直接指挥的战略机动部队。清代沿明制，神机营常守卫于紫禁城及三海，皇帝巡行时亦扈从。

117

历代兵器

■ 明代火炮

■ 明永乐七年制火铳

赵士桢（约1553年—1611年），明代杰出的火器研制专家。他一生中研制改进了多种火器，而且善书能诗，还著有《神器谱》《神器杂说》《神器谱或问》《防房车铳议》等关于火器研制开发、使用训练等方面的论著，是我国古代科技史上不可多得的人才。

统称。

1521年，白沙巡抚何儒从来华的葡萄牙船上看到一种火炮，与明军火炮相比，具有装填弹药方便、发射速度快和装有瞄准具等优点，便组织船上我国籍枪炮匠上岸仿造，取名"佛郎机"。

红夷大炮号称"将军炮"，明末引进西方技术制造，带有炮耳和瞄准具，可以调节射程，炮身寿命长，大型者重1600千克，射程可以达到1.9千米，应该是这一类武器的极限了

明代大将军炮在铸造时，通过增加箍来防止炸膛。1626年袁崇焕使用这种火炮打败后金，取得了宁远之战的胜利，努尔哈赤也被红夷大炮击伤。

鸟铳是明代对新式火绳枪的称呼，因为枪口大小如鸟嘴，故称为"鸟铳"，又称"鸟嘴铳"。清代改称"鸟枪"。

据记载，1558年，明朝廷一次就造鸟铳1万支。

而且，明代的鸟铳又有许多自己的创新。

在当时，杰出的火器研制家赵士桢，经过潜心研制，设计和试制了多种鸟铳，有噜密铳、翼虎铳、三长铳、掣电铳、迅雷铳、鹰扬铳、震叠铳、奇胜铳等。

其中噜密铳在尾部装有刀刃，在敌人逼近时可作斩马刀使用；震叠铳为双管火绳枪，与敌人作战时能连续发射两次，给敌人以重大杀伤；迅雷铳更是有5支枪管，共用一个枪机，轮流发射。

明朝嘉靖后期还研制了一种"连子铳"，它的铳身是用铜铁制造的，尾部安木柄，铳膛后部装填火药，火药事先装在一节一节的小纸筒中。

底部都用纸相隔，中通一孔，插一根火药线，药线相互连接。每节火药发射弹丸一枚，各纸筒自铳底首尾相接。

铳膛中部竖有一个铁筒，装满弹丸，先由第一节火药发射第一发弹丸，发射完后第二节火药会自动引燃，同时第二发弹丸可自动落入铳膛，正好被第二节火药发射出去，如此循环以实现连发。这种连子

■红衣大炮

铳已经具备了全自动枪械的雏形。

明代的爆炸性火器主要有地雷和水雷两类。地雷一般用陶瓷罐或铁罐装上炸药，再用药线接上引爆装置。"万弹地雷炮"和"伏地冲天雷"是明代著名的地雷。

水雷用木箱或铁壳密封，浮在水中等敌船靠近，拉动引爆装置；或计算好药捻燃尽时间，定时爆炸，攻击敌船。"水底雷"和"水底龙王炮"是明代著名的水雷。

明代的火箭已发展到相当高的水平，并已开始广泛应用于战场，被称为"军中利器"。当时的火箭种类繁多，性能先进，有多火药筒并列火箭、有翼火箭、多级火箭、多发齐射火箭等。它们是现代火箭的先驱。

我国古代火器尤其是明代火器的发明和应用，是我国古代人民在军事技术领域取得的最辉煌的成就，它对我国乃至世界军事发展史产生了深远的影响。不仅使战争面貌发生了根本性的变化，而且还促进了军队编制和装备的变革。

阅读链接

明代火器的大发展，朱元璋功不可没。

朱元璋最早与火器打交道是在南渡长江的前夕，当时还驻军于江北的和州，多方招揽人才等待时机。

在此期间，有一个名叫焦玉的匠人前来求见，并献上几十支"火龙枪"。朱元璋命得力助手徐达在军中试射，证实这种武器能够洞穿一层皮革。

朱元璋非常高兴，认为拥有此枪取天下就更加容易了。后来，朱元璋还大力扶持和推广新式火器，使明军装备提升到了一个新台阶。

古代主要攻守城器械

自从城市出现以来，它一直是国家的政治、经济和文化中心。城市人口密集，资源丰富，地位显要，往往是历代兵家必争之地。可是，不论大小城市，几乎都有坚实的城墙，城外还挖有宽而深的城壕。因此，在战争中如何攻城便成了古代战争的难题。

随着战争的需要和科技的不断进步，攻城器械和守城器械也相应地发展了起来。而攻城器械和守城器械的出现和应用无不显示出我国古代劳动人民的智慧，这在世界军事史上也具有重要意义。

■ 仿制的投石机

■ 古代攻城战车

鲁班 真实姓名
古籍记载有公输
班、公输盘及公
输般等，也有尊
称公输子。春秋
末叶著名工匠。
由于在我国流传
着许多他对建筑
及木工等行业贡
献的传说，认为
是他设计的工具
及建造法则被沿
用至今，所以鲁
班被后世奉为工
匠祖师。

我国古代的城是封闭式的堡垒，不仅有牢固厚实高大的城墙和严密的城门，而且城墙每隔一定距离还修筑墩、台楼等设施，城墙外又设城壕、护城河及各种障碍器材。可以说层层设防，森严壁垒。

围绕着攻城与守城，各种攻守器械在实战中被广泛应用。

在我国古代，攻城器械很多，包括攀登工具、挖掘工具以及破坏城墙和城门的工具等。汉代以来主要的攻城器械还有飞桥、云梯、巢车、轒輼车临冲吕公车等。

飞桥是保障攻城部队通过城外护城河的一种器材，又叫"壕桥"。这种飞桥的制作方法很简单，用两根长圆木，在上面钉上木板，为搬运方便，在下面安上两个木轮就可以了。

如果壕沟较宽，还可将两个飞桥用转轴连接起来，成折叠式飞桥。搬运时将一节折放在后面的桥床上，使用时将前节放下，搭在河沟对岸，就是一座简易壕桥。

　　云梯是一种攀登城墙的工具。一般由车轮、梯身、钩3部分组成。梯身可以上下仰俯，靠人力扛抬倚架到城墙壁上。梯顶端有钩，用来钩援城缘。梯身下装有车轮，可以移动。

　　相传云梯是春秋时的巧匠鲁班发明的，其实早在夏商周时就有了，当时取名叫"钩援"。春秋时的鲁班加以改进。

　　唐代的云梯比战国时期有了很大改进。云梯底架以木为床，下置六轮，梯身以一定角度固定装置于底盘上，并在主梯之外增设了一具可以活动的"副梯"，顶端装有一对辘轳。登城时，云梯可以沿城墙

■攻城时用的云梯

■ 西安古城楼上的云梯

曾公亮（998年—1078年），北宋著名政治家、军事家、军火家、思想家。封兖国公，鲁国公，卒赠太师、中书令，配享英宗庙廷，赐谥宣靖。曾公亮与丁度承旨编撰《武经总要》，为我国古代第一部官方编纂的军事科学百科全书。

壁自由地上下移动，不再需要人抬肩扛。

至宋代，云梯的结构又有了更大改进。据北宋曾公亮的《武经总要》记载，宋代云梯的主梯也分为两段，并采用了折叠式结构，中间以转轴连接。这种形制有点像当时通行的折叠式飞桥。同时，副梯也出现了多种形式，使登城接敌行动更加简便迅速。

为保障推梯人的安全，宋代云梯吸取了唐代云梯的改进经验，将云梯底部设计为四面有屏蔽的车型，用生牛皮加固外面，人员在棚内推车接近敌城墙时，可有效地抵御敌矢石的伤害。

巢车是一种专供观察敌情用的瞭望车。车底部装有轮子可以推动，车上用坚木竖起两根长柱，柱子顶端设一辘轳轴，用绳索系一小板屋于辘轳上。

板屋高3米，四面开有12个瞭望孔，外面蒙有生牛皮，以防敌人矢石破坏。屋内可容纳两人，通过辘轳车升高数丈，攻城时可观察城内敌兵情况。

宋代出现一种将望楼固定在高竿上的"望楼车"。这种车以坚木为竿，高近一米，顶端置板层，内容纳一入执白旗瞭望敌人动静，用简单的旗语同下面的将士通报敌情。

在使用中，将旗卷起表示无敌人，开旗则敌人来；旗杆平伸则敌人近，旗杆垂直则敌到；敌人退却将旗杆慢慢举起，敌人已退走又将旗卷起。

望楼车，车底有轮了可来回推动；竖杆上有脚踏橛，可供哨兵上下攀登；竖杆旁用粗绳索斜拉固定；望楼本身下面装有转轴，可四面旋转观察。

这种望楼车比巢车高大，观察视野开阔。后来随着观察器材的不断改进，置有固定的瞭望塔，观察敌情。

轒辒车车也是一种古代攻城战的重要的工具，用以掩蔽攻城人员掘城墙、挖地道时免遭敌人矢石、纵火、木檑伤害。

轒辒车车是一种攻城作业车，车下有四轮，车上设一屋顶形木架，蒙有生牛皮，外涂泥浆，人员在其掩蔽下作业，也可用它运土填沟等。

攻城作业车种类很多，还有一种平顶木牛车，但车顶是平的，石块落下容易破坏车棚，因此南北朝时，改为等边三角形车顶，改名"尖头木驴车"。这种车可以更有效地避

■古代瞭望车

■古代望楼车

免敌人石矢的破坏。

为了掩护攻城人员运土和输送器材，宋代出现了一种组合式攻城作业车，叫"头车"。这种车搭挂战棚，前面还有挡箭用的屏风牌，是将战车、战棚等组合在一起的攻城作业系列车。

头车长宽各7尺，高七八尺，车顶用两层皮笆中间夹一尺多厚的干草掩盖，以防敌人炮石破坏。车顶有一方孔，供车内人员上下，车顶前面有一天窗，窗前设一屏风牌，以供观察和射箭之用；车两则悬挂皮牌，外面涂上泥浆，防止敌人纵火焚烧。

"战棚"接在"头车"后面，其形制与头车略同。在战棚后方敌人矢石所不能及的地方，设一机关，用大绳和战棚相连，以绞动头车和战棚。在头车前面，有时设一屏风牌，上面开有箭窗，挡牌两侧有侧板和掩手，外蒙生牛皮。

使用头车攻城时，将屏风牌、头车和战棚连在一起，推至城脚下，然后去掉屏风牌，使头车和城墙密接，人员在头车掩护下挖掘地道。战棚在头车和找车之间，用绞车绞动使其往返运土。

126

兵器阵法

历代军事与兵器阵法

这种将战车、战棚等组合一体的攻城作业车，是宋代军事工程师的一大创举。

临冲吕公车是古代一种巨型攻城战车，也是世界上最大的战车。车身高数丈，长数十丈，车内分上下5层，每层有梯子可供上下，车中可载几百名武士，配有机弩毒矢、枪戟刀矛等兵器和破坏城墙设施的器械。

进攻时，众人将车推到城脚，车顶可与城墙齐，兵士们通过天桥冲到城上与敌人拼杀，车下面用撞木等工具破坏城墙。

这种庞然大物似的兵车在战斗中并不常见，它形体笨重，受地形限制，很难发挥威力，但它的突然出现，往往对守城兵士有一种巨大的威慑力，从而乱其阵脚。

除以上所述的攻城器械以外，还有其他一些用来破坏城墙、城门的器械，如搭车、钩撞车、火车、鹅鹘车等。在古代攻城战役中，大多是各种攻城器械并用，各显其能。

我国古代的守城器械，包括防御敌人爬城，防御敌破坏城门、城

■唐代战车

墙，以及防御敌人挖掘地道等类。其主要器械有：撞车、叉竿、飞钩、夜叉擂、地听、礌石和滚木等。

撞车是用来撞击云梯的一种工具。在车架上系一根撞杆，杆的前端镶上铁叶，当敌的云梯靠近城墙时，推动撞杆将其撞毁或撞倒。

1134年，宋金在仙人关大战时，金人用云梯攻击宋军垒壁，宋军杨政用撞杆击毁金人的云梯，迫使敌兵败退。

叉竿又叫"抵篙叉竿"，这种工具既可抵御敌人利用飞梯爬城，又可用来击杀爬城之敌。当敌人飞梯靠近城墙时，利用叉竿前端的横刃抵住飞梯并将其推倒，或等敌人爬至半墙腰时，用叉竿向下顺梯用力推剁，竿前的横刃足可断敌手臂。

飞钩又叫"铁鸱脚"，其形如锚，有4个尖锐的爪钩，用铁链系之，再续接绳索。待敌兵附在城脚下，准备登梯攀城时，出其不意，猛投敌群中，一次可钩杀数人。

夜叉擂又名"留客住"。这种武器是用直径一尺，长一丈多的湿榆木为滚柱，周围密钉"逆须钉"，钉头露出木面5寸，滚木两端安设

■修复后的古代战车

■ 古代战车

直径两尺的轮子，系以铁索，连接在绞车上。当敌兵聚集城脚时，投入敌群中，绞动绞车，可起到碾压敌人的作用。

地听是一种听察敌人挖掘地道的侦察工具。最早应用于战国时期的城防战中。《墨子·备穴篇》记载，当守城者发现敌军开掘地道，从地下进攻时，立即在城内墙脚下深井中放置一口特制的薄缸，缸口蒙一层薄牛皮，令听力聪敏的人伏在缸上，监听敌方动静。

这种探测方法有一定的科学道理，因为敌方开凿地道的声响从地下传播的速度快，声波衰减小，容易与缸体产生共振，可据此探沿敌所在方位及距离远近。据说可以在离城五百步内听到敌人挖掘地道的声音。

礌石和滚木是守城用的石块和圆木。在古代战争中，城墙上通常备有一些普通的石块、圆木，在敌兵攀登城墙时，抛掷下去击打敌人，这些石块和圆木又被称为"礌石""滚木"。

除了以上这些守城器械外。还有木女头、塞门刀车等，用来阻塞被敌人破坏了的城墙和城门。

■ 古代攻城场景

　　长期的攻守博弈，使我国古代的将士们积累了丰富的经验。明代后期，由于枪炮等火器在攻守城战中的大量使用，上述许多笨重的攻守城器械便逐渐在战场上消失了。

阅读链接

　　1621年，明熹宗派朱燮元守备成都，平息四川永宁宣抚使奢崇明的叛乱。

　　有一天，城外忽然喊声大起，守军发现远处一个庞然大物，在许多牛的拉扯中向城边接近，车顶上一人披发仗剑，装神弄鬼，车中数百名武士，张强弩待发，车两翼有云楼，可俯瞰城中。

　　战车趋近时，霎时毒矢飞出，城上守兵惊慌失措。朱燮元沉着地告诉官兵这就是吕公车，并令架设巨型石炮，以千钧石弹轰击车体，又用大炮击牛，牛回身奔跑，吕公车顿时乱了阵脚，自顾不暇。

历代阵法

古代的阵法起源于我国，其中主要的阵法有鱼鳞阵、十面埋伏阵、骑兵五军阵等。了解这些阵法，可以感受古代我国将士们排阵练兵的无穷奥妙。

阵法的功能有进攻和防守。战阵的攻守操练，是我国古代治军的重要方面。一支训练有素的军队，它的重要标志就是阵形娴熟，攻守自如。通过这些阵法，可以使士卒们严守攻守纪律，牢记各种信号和口令，在战时做到令行禁止，步调一致，最大限度地发挥集体协调的作用，并树立必胜的信心。

春秋时期的鱼鳞阵

鱼鳞阵是分层次用士卒的一种战斗队形，因它形似鱼鳞而得名。鱼鳞阵一般排成三五个层次，实施分层次攻击。它前面的兵力比较少，越往后面兵力越多，其主力在中心部位，攻击力也最强。

在鱼鳞阵中，大将位于阵形的中后方，主要的兵力在中央集结，分作若干个鱼鳞状的小方阵，然后按梯次的配置，呈现出前端微凸，属于进攻阵形。

鱼鳞阵的战术思想是中央突破，集中优势兵力对敌阵中央发起猛攻，真可谓是直捣心脏，抓住要害。

■春秋小霸郑庄公画像

■ 古战场场景

鱼鳞阵法的创造者是春秋时期郑国国君郑庄公，名字叫姬寤生，是一位杰出的政治家、军事家和统帅。他一生功业辉煌，在位期间，分别击败过周、虢、卫、蔡、陈联军及宋、陈、蔡、卫、鲁等国联军。攻必克，战必胜，可谓战绩显赫，被称为"春秋小霸"。

郑庄公是郑武公姬掘突的长子。郑武公娶申侯女武姜为妻。据《左传·隐公元年》记载，武姜生下姬寤生时难产，因此取名寤生。由于生姬寤生难产，所以武姜不喜欢郑庄公。

后来武姜生少子段时很容易，武姜十分喜欢。郑武公病危时，武姜想立段为太子，郑武公不同意，而是立姬寤生为太子。

公元前774年，郑武公去世，太子姬寤生继位，

武姜 我国春秋战国时期申国之君申侯的女儿，郑武公掘突的夫人。"武"是郑武公的谥号，姜是她娘家的姓。她是郑庄公的生母。曾因参与共叔段叛乱而被郑庄公软禁。后来母子和好。她是我国历史上较早参与权力争斗的一位女性。

■ 古代战车俑

这就是郑庄公。

　　郑庄公继位之后，凭借强盛的国力又身为周室权臣的条件，竭力扩充领地，侵伐诸侯：拉拢齐、鲁两国，打击和削弱卫、宋、陈、蔡四国，并灭亡了许国，成就了"春秋小霸"的局面。

　　此时，周王室的是周平王姬宜臼在位，他就对郑庄公的势力十分担忧，决定分其权给虢公忌父，郑庄公得知后怨恨周平王。为了缓和双方矛盾，周平王的儿子姬狐与郑庄公的儿子公子忽互换作为人质。

　　周桓王姬林继位后，欲将朝政大权交予虢公林父，郑庄公得知后，派兵夺取周王室的秋收果实，致使周、郑矛盾更加尖锐。周桓王便任命虢公林父为右卿士，以分郑庄公之权。随后，周桓王又免去郑庄公左卿士职务，郑庄公遂拒绝朝觐周桓王。

　　公元前707年秋，周桓王为维护王室尊严，亲率王师并征调陈、蔡、卫三国之军联合攻郑，郑庄公则率军迎战周联军于繻葛。

　　针对周联军的布阵形势和特点，郑庄公令大夫曼伯率一军为右侧方阵，大夫祭足率一军为左侧方阵，分别进攻周军的左翼和右翼；大夫原繁、高渠弥合率一军为中军，随郑庄公配置于两侧方阵中间稍后，相机出击。

在此战中，郑庄公一改传统的车战战斗队形，将通常配置于战车之后的隶属徒兵，以5人为单位，分散配置于每乘战车的左、右、后方，填补车与车间的空隙，形成徒兵与战车相互掩护，密切协同、攻防自如的战阵，谓之"鱼丽之阵"，也就是后来有名的鱼鳞阵法。

战争开始后，郑庄公在中军号令左、右两方阵同时出击，向周军两翼配属的陈、蔡、卫军发起猛攻。

陈军一触即溃，蔡、卫军迅速败退，两翼周军为溃兵所扰，阵势大乱，纷纷溃败。

此时，郑左、右两方阵对孤立无援并已开始动摇的周中军实施钳击，郑庄公乘势将郑中军投入战斗。

周中军遭郑三军合力攻击而大败，周桓王的肩膀中祝聃之箭负伤，引军而退。

郑庄公考虑到周桓王贵为天子，下令禁止祝聃追击，并于当晚派祭足为使者赴周军慰问周桓王及其将领，以示与王室和好之意。

经过繻葛之战，郑庄公的图霸事业达到了顶峰。而鱼鳞阵法的出现，使我国古代车阵战法逐渐趋向严密、灵活，有力地推动了古代战术的革

大夫 古代官名。西周以后先秦诸侯国中，在国君之下有卿、大夫、士三级。大夫世袭，有封地。后世遂以大夫为一般任官职之称。秦汉以后，中央要职有御史大夫，备顾问者有谏大夫、中大夫、光禄大夫等。至唐宋尚有御史大夫及谏议大夫之官，至明清废。又隋唐以后以大夫为高级官阶之称号。清朝高级文职官阶称大夫，武职则称将军。

■ 古代骑兵俑

■秦代兵马俑队列

新和演进。

自从郑庄公用鱼鳞阵法战败周桓王后，这一车阵战法在此后的战国时期，楚汉争霸过程中，三国时期，每用不爽，屡建奇功，无人能破。而将这一阵法运用得最好的战例，当属秦赵长平之战。

在秦兵马俑第二个俑坑的骑兵部队旁边，考古人员发现了大量战车的残迹。但当探测结果全部出来的时候，专家们却颇感意外。

在秦的时代，车步配合是最典型的作战方式。在庞大的战车后面，总有步兵跟随，进攻时车步总是一齐向前推进。车驰卒奔的作战方式曾经风行了1000多年。

但是，这儿的探测结果完全不同。在厚厚的黄土下，埋着一支纯粹由64辆战车组成的部队。这些战车车体窄小，仍旧由4匹马拉动。可以推想，若没有步兵跟随，他们完全可以跟上骑兵的速度。战车上的士兵配备着戈、矛等刺杀兵器，正好弥补骑兵无法近身攻击的缺憾。

一些专家认为，袭击被困赵军的轻兵，应该就是这种独立的战车部队。那把赵军一分为二的2.5万名奇兵，很可能就有这种独立的战车队伍。

　　当时，赵军主力在长平被围的消息传到了咸阳，忐忑不安的秦昭王喜出望外，他立即亲自赶赴前线，把15岁以上的男子全部征召，组成了一支大军。

　　这支临时拼凑的秦军从战场的两翼，直至插到赵军大本营背后，彻底切断了全部赵军的后路。赵军统帅赵括终于意识到，形势已经极度危险，他把部队分为4队，拼死突围。

　　司马迁在《史记》中没有提赵括是从哪个方向突围的，合乎逻辑的推测应该是向赵军的大本营方向。如果真是这样的话，赵军必须闯过一关，就是那2.5万名奇兵，正是他们，关闭了赵括与大本营守军会合的铁门。

　　可以想象，在整个包围圈上，这里曾经发生过最为惨烈的战斗。这"绝赵军后"的秦军部队，如果没能顶住赵军的拼死突围，这场战争的结局或许会改写。此时，除了士兵的勇敢，没有什么比精心组织的军阵更有效了。

　　在这个凝固的地下军团，6000多个兵马俑组成了一个活生生的秦军军阵。其中，排列在军阵最前面的是3排弩兵，他们是整个军阵的前锋。在军阵的最后面也有3排弩兵，至今还埋在地下，他们是整个军阵的后卫。

■整齐的秦代兵马俑

军阵的最后边有3列横队，其中有一列是面朝后的，之所以这样布置，是为了防止敌人从背后袭击。

在军阵的右翼，有两列士兵，一列朝前，另外一列面墙而立。在左翼，也有一列士兵面目向外，虎视眈眈。这样布置是提防大军的左右两侧遭到敌人的突然袭击。这些面壁的士兵正是整个军团两翼的护卫队。

有前锋，有后卫，有两翼，在这四面的围绕之下，中间是个庞大的军阵的主体。这是由38路纵队组成的主力部队，步兵和战车相间交错，浩浩荡荡、气势磅礴。

它是个屯聚的阵势，它没张开，兵书上曾经讲了，说这个坚若磐石的阵势一旦展开，如万弧挺刃，像刀一样一下扩展开来。

这是古代战争史上极其经典的鱼鳞阵范例，它进可以攻，无坚不摧；退可以守，固若金汤。赵国是战国后期实力仅次于秦国的国家，但在这样的军阵前，赵军也难逃厄运。

阅读链接

郑庄公继承王位后，因为母亲武姜参与共叔段叛乱，一怒之下就把武姜软禁起来，并且向她发誓说："不到死后埋入黄泉，决不相见了！"

一年后，郑庄公又觉得不能这样对待自己的亲生母亲，但又不愿违背原来的誓言。

老臣颍考叔向郑庄公献计说："您可以挖条隧道，下及泉水，您同母亲在那里相见，既见到了母亲，又不违背誓言。"

郑庄公听从了颍考叔的主意，与母亲在隧道里相见，并向母亲请罪，母子又恢复了亲情关系。

楚汉之际十面埋伏阵

　　十面埋伏阵即诱敌进入指定场景，通过刺杀、下毒、陷阱等多种手段使敌人身心疲惫，在敌人最脆弱的时候给予致命一击。十面埋伏阵法无固定模式，随时随地都可运用，一般都借助于山谷等有利地形，依据"地利、人和、天时"的原则来巧妙布阵。

　　十面埋伏阵，就是四面八方广布伏兵的意思，表现出一种不可逆转的军事态势。入此阵者，如入天罗地网，回天乏力，常常军心涣散，难逃败局。垓下之战是运用十面埋伏的经典战例。

■韩信画像

■ 韩信雕塑

十面埋伏阵是楚汉之际的韩信发明的。韩信是西汉开国功臣，齐王、楚王、上大将军，后为淮阴侯。

他是我国历史上伟大军事家、战略家、战术家、统帅和军事理论家。我国军事思想"谋战"派代表人物，也是当时世界上最杰出的大军事家、大战略家。被后人奉为"兵仙""战神"。

在垓下之战中，汉军统帅韩信设下十面埋伏的阵法，从而彻底击败了楚军，迫使项羽自刎乌江。

公元前203年9月，项羽拔营东归，向彭城回归。10月，刘邦见围歼项羽的时机已经成熟，便采纳张良、陈平的建议，率兵从阳夏出发，同时传令各路诸侯率军西向，在固陵会师。

不久，韩信、彭越、英布诸路兵马先后到达，从成皋到荥阳一路相连数百里，人马跃动，震天动地。

刘邦见诸路兵马如期到来，心中大喜，当下就命韩信为总统帅，全权指挥各路大军；又命萧何、夏侯婴运输粮草，供应前方。

公元前202年农历十一月，刘邦率兵进入楚地，围攻寿春，又派人诱使驻舒县的楚国大司马周殷叛楚降汉，占领了大片楚地。到了农历十二月，终于把项羽围困在回奔彭城的路上垓下。

当时的情况是，楚军处于绝对劣势。西楚国位于长江以北的全部土地均已失陷，10万楚军成为绝对的孤军，缺粮已经几个月，士兵饥饿，军队根本没有半点补给。

楚军刚从广武前线上撤下来，未经补给，非常疲惫，且多穿着夏秋季的衣服，寒冷饥饿，士气溃散。还有，楚军离江东五郡距离遥远，在当时的情况下，即使冲破包围圈，也很难在汉军的追击下及时回到己方领土。

相比之下，汉军联兵约五六十万，而且精力饱满、粮食充足、士气旺盛。五六十万大军被韩信排出了这样一个阵形：

韩信亲率30万大军居中，为前锋主力；将军孔熙率军数万为左翼；陈贺率军数万为右翼；刘邦率本部主力尾随韩信军跟进；将军周勃率军断后。

五路汉军布成十面埋伏阵，环环接应，步步为营，有序推进，最后完成了包围圈。

急速行进的大军

■ 刘邦为韩信推车

虞子期 其姓名均
不见于《史记》
《汉书》《资治通
鉴》等史书。野
史中，虞子期为
项羽手下猛将，
与季布、钟离
眜、英布、龙且
为楚军五大将。
其与虞姬兄妹关
系。项羽兵败垓
下后，一直追随
战死最后。

就是在这样一种情况之下，韩信五六十万主力向盘踞于垓下困守的10万楚军发起了最后的进攻！

韩信请刘邦守住大营，他亲率3万人马上前挑战。士兵按韩信的命令，冲着楚营高喊："人心皆背楚，天下已归刘。韩信屯垓下，要斩霸王头！"

项羽一听，气得七窍生烟，率众冲杀出去。两军相接，交战几个回合，韩信且战且走，把项羽引进了包围圈。

当韩信以前阵为屏障掩护刘邦军回撤退避的同时，孔熙、陈贺所率的左右两军也自楚军左右两侧进行着迂回机动，逐渐围住了楚军侧翼。

项羽过于猛烈的冲锋，已经明显拉开了军队前后的距离。楚军队形越来越散、越拉越长，已经渐渐失去了紧密的队形和互相之间的配合。

楚将虞子期怕中埋伏，打马追上项羽。劝道：

"韩信多谋，汉军势众，主公不必急于追杀，待我江东援兵赶到，汉兵粮草空虚，再杀他也不迟。"

这时的项羽已经怒不可遏，根本听不进这些话，他狠狠瞪了虞子期一眼，全然不把汉军放在眼里，一直杀奔过去。

汉军中军一退再退，左右两军迂回急进，完成了前后夹击之势。汉军左右军随之投入了对楚军后方的侧翼的进攻，以紧密的阵形两面压来，迅速合围了落在后面的楚军步兵。

项羽气得血往上涌，一心要抓住韩信，率军径直猛追。忽然杀声四起，汉军十面埋伏的伏兵一起杀出，把楚军团团围住。

项羽方知中计，气不能消，身心俱惫，只得奋力杀开一条血路，带领残部退回了垓下大营。

这时，经过几番厮杀的10万楚军，剩下的已不足两三万人，被围垓下，动弹不得！

这天夜里，寒风凄凄，忽高忽低，像是怒号，又像是哭泣。随着凄切的风声，四面隐约地传来楚歌，低沉凄怆，如泣如诉："寒月深

■ 秦末战争图

■ 楚汉相争场景图

兵器阵法

历代军事与兵器阵法

虞姬 项羽的爱姬，因姓虞，因此现代人多称其为"虞姬"。相传容颜倾城，才艺并重有"虞美人"之称。曾在四面楚歌的困境下一直陪伴在项羽身边，后人据项羽所作的《垓下歌》推断出她在楚营内自刎，由此流传了一段关于"霸王别姬"的佳话。

冬兮，四野飞霜，天高水涸兮，寒雁悲怆。最苦戍边兮，日夜彷徨，披坚执锐兮，孤立山冈……"

项羽听了，暗暗吃惊，对身边的爱妃虞姬说："莫非汉军已把楚地全占了吗？为什么汉军里有那么多楚人在唱楚歌？"

楚军将士也被这歌声引动了思乡之情，无心再战，纷纷逃散，连跟随项羽多年征战的将军们，也暗地里不辞而别，就连项羽的叔父项伯也偷偷离去了。军心大乱，一夜之间，项羽身边只剩下了千余人。

第二天凌晨，项羽突围，几经转战，只身来到乌江边。见前有滔滔江水，后有汉将灌婴率兵紧追不舍，心灰意冷，无颜再见江东父老，便拔剑自刎了。一代英雄，就这样悲剧性地血洒乌江之畔。

至此，历时4年的楚汉战争终于以刘邦的胜利而告终。

在垓下之战中，韩信积极调兵，巧妙布置，多路合围，构成十面埋伏阵。然后，先用歌谣激怒项羽，使项羽误入阵中，再用"四面楚歌"之法，致使项羽的8000名子弟离肠寸断，战斗力荡然无存。

可以说，垓下之战是韩信运用十面埋伏阵法和采用心理战术的成功战例，充分显示了韩信卓越的军事指挥才能。

垓下之战是楚汉相争中决定性的战役，它既是楚汉相争的终结点，又是大汉王朝繁荣强盛的起点，更是我国历史上具有里程碑意义的转折点。它结束了秦末混战的局面，统一了天下，国家开始安定下来，同进也奠定了汉王朝四百年基业。

而韩信运用十面埋伏阵法，创造了我国古代大规模围歼战的成功战例。

项伯 战国末期楚国贵族。项羽统兵后，他任左尹，随项羽一起进入关中。他曾在鸿门宴中"保护"刘邦。后来，刘邦为感念项伯在鸿门宴时的解救之恩，赐予项伯刘姓，册封为射阳侯。

楚歌 古代的楚地民歌。春秋战国时，楚国是南方大国，它在政治、文化上虽与中原地区有所交往，但在很大程度上一直保有自己的文化传统，在诗歌、乐舞等方面，都有自己的特色。

阅读链接

韩信多次同萧何交谈，萧何十分赏识他。刘邦被项羽封为汉王时，有不少将领逃走。

韩信见萧何多次在刘邦面前举荐过自己而不被用，于是也逃走了。萧何听说后，来不及向刘邦报告便去追赶。刘邦知道后很生气，如失左右手。

过了一两天，萧何前来进见，说自己去追逃亡的韩信。并说欲争天下，非韩信不行。刘邦本来就不想甘居汉中，志在取得天下。

听萧何这么一说，刘邦决定重用韩信。后来，韩信果然在楚汉战争中打败了项羽，为大汉王朝的建立下了汗马功劳。

汉朝时期骑兵五军阵

车阵是防御骑兵的战术之一。用战车作战时，可以将数辆战车环扣在一起，组成坚固的圆形车阵，再配以骑兵，在战车外围伺机出击。这就是"骑兵五军阵"。

骑兵五军阵进可攻退可守。只要以武刚车和骑兵为营成功，那么即使暂时失利，也可坚守待援，俟机再战。同时，骑兵寻机先敌出击，在气势上也是先声夺人。

■ 汉代名将卫青画像

骑兵五军阵的创造者是西汉军事家卫青。他是汉武帝时期抗击匈奴的名将，霍去病的舅舅，两者并称"帝国双璧"。

■ 骑兵五军阵阵形一角

他首次出征奇袭匈奴龙城，就打破了自汉初以来匈奴不败的神话，曾七战七胜，以武刚车阵大破伊稚斜单于主力，为汉代北部疆域的开拓做出重大贡献，也是我国历史上为人熟知的常胜将军。

汉武帝即位之后，对匈奴的战略，开始由消极防御转为反攻。年轻而且"才干绝人"的卫青在这种情况下应运而出，在数次出征匈奴的战役中屡见战功，为后来运用骑兵五军阵彻底击败匈奴积累了丰富的实战经验。

公元前129年，汉武帝组织了一次塞前近距离出击，共分4个方向。由卫青等四将统帅，各万骑。四

霍去病（前140年—前117年），汉族，河东郡平阳即今山西临汾人。我国西汉武帝时期的杰出军事家，是名将卫青的外甥，任大司马骠骑将军。好骑射，善于长途奔袭。霍去病多次率军与匈奴交战，在他的带领下，匈奴被汉军杀得节节败退，霍去病也留下了"封狼居胥"的佳话。

■ 汉武帝画像

武刚车 我国古代
的一种兵车。出
现于汉朝，最先
用它的是大将军
卫青。用武刚车
作战时，车身要
蒙上牛皮犀甲，
捆上长矛，立上
坚固的盾牌。有
的有射击孔，弓
箭手可以在车
内，通过射击孔
射箭。也可以将
几辆武刚车环扣
在一起，成为坚
固的堡垒。

路兵马中只卫青一路袭击了匈奴的圣地"龙城"，歼敌700人。其余三路或无所得，或损失过半，老将李广不幸也战败被俘，后来在途中抢马夺弓，才驰回汉军。

这次近距离出击，充分显示了卫青的将才，使他初露锋芒，天下人由此都佩服汉武帝的知人善任，卫青也受封关内侯。

公元前127年，汉武帝发动了河南战役，由卫青统一指挥。卫青出云中，至高阙，进军1000千米，从匈奴军一侧实施大包围，聚歼了河南匈奴军，仅跑掉白羊、楼烦二王。

这是一次远距离的侧敌进军，随时有受到匈奴右贤王侧击的可能，所经大部分是从未到过的沙漠、草原，要从一侧压迫河南匈奴军于河套而歼灭之，更需行动迅速，组织周详。

卫青对如何封锁消息，秘密行动，捕捉匈奴暗哨巡骑，寻找可靠的向导，了解水草位置，以及解决大军供给等，都计划得很周到，从而达到了收复河南、聚歼白羊、楼烦王所部的战役目的，显出了卫青能够指挥较大战役的卓越才能。

公元前124年春，汉武帝又发动了袭击匈奴王庭的战役，命卫青指挥四将军共10余万骑。这时的卫青已是大军统帅了。他率领大军进行了一次非常出色的远程奔袭。

卫青率10余万骑兵出塞六七百里，秘密行军，动作迅速，做到了完全出敌意外，而且情况摸得很准，犹如从天而降。

到达目的地后，卫青又十分果断和迅捷地展开兵力，四面合围，除匈奴右贤王仅率数百骑得以突围逃走外，其残部包括匈奴的小王10余人，全部被歼。

这场战役打得干脆利落，非常出色。此时，卫青的指挥艺术已经成熟，他已经掌握了在沙漠草原地带的正面大纵深作战中，以集团骑兵捕捉和歼灭敌人的要领。

汉武帝闻知捷报，立派使者至前线，授卫青以内朝最高的职位大将军，诸将皆受大将军节制。

王庭 封建社会少数民族的统辖中心。该称谓直至夏、辽等仍在沿用。西汉的"王庭"指的是龙城。龙城指匈奴祭祀天地、祖先、鬼神的地方，是匈奴的政治中心地，在现今的齐齐哈尔。"龙城飞将"并不止一人，实指卫青李广，更多的是借代众多汉朝抗匈名将。

149

奇正之变

历代阵法

■卫青拜将蜡像

■ 霍去病率军征战
画像

历代军事与兵器阵法

左贤王 匈奴以左
为尊，所以左贤
王的地位仅次于
单于，在右部诸王
侯中地位最高。
左贤王一般是单于
的候补人选，因此
常常由单于瞩意的
儿子担任。 时期
不同，人也就不
同，也就是有很多
人当过左贤王。

龙城之战在汉匈交战史上具有划时代的意义。汉代自汉高祖刘邦登基以来，屡屡受到北方匈奴的掠夺羞辱，如汉高祖"白登七日"之困，吕后受冒顿单于书信之辱，以及匈奴频频对汉的边郡进行劫掠等，可谓汉朝廷的心腹大患。

龙城的胜利打破了自汉初以来"匈奴不可战胜"的神话，大大鼓舞了汉军士气，成为汉匈战争的转折点，为以后汉军的进一步反击打下了良好的人心基础。

公元前123年，卫青率领六将军两出定襄，袭击单于本部，虽然未捕捉住匈奴的主力，但消灭1万余匈奴兵。

匈奴单于在汉军的沉重打击下，远走沙漠以北。为了彻底击溃匈奴主力，汉武帝集中全国的财力、物力，准备发动对匈奴的第三次大战役。

公元前119年春，汉武帝以14万匹战马及50万步卒作为后勤补给兵团，令卫青和霍去病各率领5万骑兵，兵分两路，跨漠长征，出击匈奴伊稚斜单于。

汉军原计划由霍去病先选精兵来攻击伊稚斜单于主力，卫青打击左贤王。后从俘获的匈奴兵口中得知伊稚斜单于的居住地，卫青便亲自以精兵奔袭。卫青大军出塞1000多里，却与伊稚斜单于主力遭遇。

卫青率先进入战场，汉军的后将军和左将军在战斗打响后抵达，而前将军和右将军因为迷路错过了漠北大战。因此，在战争一开始，伊稚斜单于在兵力上也占优。

面对不利战局，卫青改变战法，命部队用武刚车迅速环结成阵，然后，派5000骑兵配合军阵，从外围向敌阵冲锋。车阵与骑兵相互依托，可战可守，左右逢源。

匈奴出动1万多骑兵迎战。伊稚斜单于的意图十分明显，那就是凭借人数上的优势，迅速击溃当面之敌。但是，他低估了卫青的战斗力，1万匈奴骑兵对汉军的骑兵五军阵无可奈何。

激战到黄昏时，刮起暴风，尘土滚滚，沙砾扑面，两方军队互相不能见。卫青抓住战机，派出两支

"白登七日"之困 指公元前200年汉高祖刘邦被匈奴围困于白登山的事件。白登山，也称小白登山，今名马铺山，位于大同城东5千米处。当时汉高祖率32万大军，出征匈奴，冒顿单于在白登山设下埋伏，将汉高祖的兵马围困在白登山七天七夜。后来汉高祖采用陈平之计贿赂匈奴皇后，才得以脱险。

151

奇正之变

历代阵法

■霍去病沙场征战雕像

生力军，从车阵左右两翼迂回到匈奴兵背后，包围了伊稚斜单于的大营。

伊稚斜单于见势不妙，乘6匹骡马驾的车和数百随从突围逃跑，群龙无首的匈奴军也随之溃散逃命。

卫青大军乘夜挺进。天亮时，汉军追袭数百千米，直至前进到真颜山赵信城，也就是现在的蒙古乌兰巴托市西，获得了匈奴囤积的粮草。汉军补给整编一日后，胜利班师。

漠北之战被列入"中国历史十大战役"，也是卫青以弱胜强，正奇兼善的代表之作。彻底打垮了匈奴的主力，使之再无能力南下窥视汉朝。自此匈奴逐渐向西北迁徙，出现了"漠南无王庭"的局面。

这次大战中，卫青的自信、勇敢、顽强、冷静以及临阵应变的能力都得到了充分的体现，而他创造的骑兵五军阵则发挥出无比威力。

阅读链接

卫青率军与匈奴作战，屡立战功，按《史记》记载其所得封邑总共有16700户，《汉书》为20200户。

虽然战功显赫，权倾朝野，但从不结党，更不养士。将军苏建曾经劝告卫青养士以得到好名声，卫青认为养士会让天子忌讳，以前窦婴和田蚡厚待宾客就常让皇帝切齿，作为臣子只需要奉法遵职就可以了，何必去养士呢？

卫青的外甥霍去病当时做骠骑将军，位同三公，他向舅舅卫青学习，也抱有同一种看法。由此可见卫青的情操。